조선
시대

교과서에 나오는 재미있는 역사 이야기 3

우리 역사
입에
한
꿀꺽

교과서에 나오는 재미있는 역사 이야기 3

조선 시대 우리 역사 한입에 꿀꺽

2012년 9월 10일 1판 1쇄   2016년 12월 30일 1판 2쇄 발행

글 이영민 | 그림 백명식
펴낸이 문제천 | 펴낸곳 (주)은하수미디어
편집장 김은영 | 편집책임 오숙희 | 편집 임소현
디자인책임 문미라 | 디자인 이수진 김효정
편집진행 김혜영 | 디자인외주 아트인 | 제작책임 이남수
주소 서울시 송파구 문정1동 21-5 에코타워 4층
대표전화 02)449-2701 | 팩스 02)404-8768 | 편집부 02)3402-1386
출판 등록 제22-590호(2000. 7. 10.)
홈페이지 www.ieunhasoo.com

조선
시대

우리 역사 한입에 꿀꺽

글 이영민 | 그림 백명식

은하수 미디어
EUNHASOOMEDIA

여러분은 조선 시대에 대해 얼마나 알고 있나요?

"에이, 조선 시대라면 어렵지 않아!"

하고 대답하는 친구들도 있겠지요? 사실 '조선 시대'라고 하면 누구나 별로 어렵지 않다고 느껴요. 역사책에 나오는 다른 시대보다 비교적 가깝고 텔레비전이나 영화, 책 속에서 자주 접하기 때문일 거예요. 하지만 누군가 여러분에게 이렇게 묻는다면 어떨까요?

"조선 시대 남자들도 군대에 갔나요?"

"조선에 불리한 강화도 조약은 어떻게 맺어졌나요?"

막상 이런 질문을 받아 대답하려고 하면, 들어 본 것 같긴 한데 머릿속이 뒤죽박죽되어 버리는 경우가 많아요. 조선 시대 사람들이 어떻게 살았는지 그리고 많은 역사적 사건들이 어떻게 일어났는지 머릿속에 잘 정리되어 있지 않기 때문이에요.

여러분이 조선 시대 역사에 대해 척척박사가 되고 싶다면 해야 할 일이 있어요. 바로 호기심을 가지고 질문을 던지는 일이에요.

"내가 조선 시대의 학생이었다면 어땠을까?"

"조선 시대의 유명한 사건들은 왜 일어났을까?"

그리고 질문에 대한 답을 스스로 찾아 정리해 보세요. 마치 누군가에게 가르치기 위해 정리하듯 말이에요. 이렇게 스스로 호기심을 느낀 질문에 대한 대답을 찾다 보면, 역사 공부가 마치 수수께끼를 풀어 가는 것처럼 재미있게 느껴질 거예요. 그리고 그렇게 찾은 대답은 여러분의 머릿속에서 결코 지워지지 않을 거예요.

이 책에는 조선의 중요한 사건들과 그 시대 사람들이 살아가는 모습을 간단한 질문과 답으로 담았어요. 질문과 답을 재미나게 따라가다 보면 조선 시대 역사와 생활이 머릿속에 쏙쏙 들어올 거예요.

2012년 글쓴이

차례

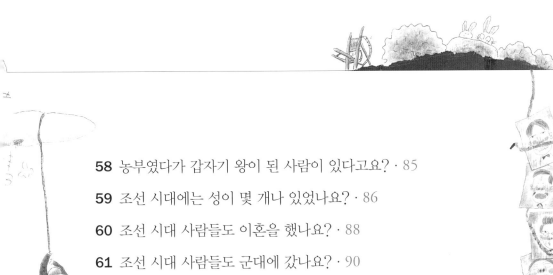

01 이성계는 왜 위화도에서 돌아왔나요?

고려 말인 1388년, 명나라는 옛날에 원나라 땅이었다는 이유로 고려 북쪽 땅 일부를 직접 다스리겠다고 했어요. 그러자 고려의 우왕은 최영을 팔도도통사로 개경에서 지휘하게 하고, 조민수와 이성계를 보내 요동 지역을 정벌하도록 했지요. 하지만 이성계의 생각은 달랐어요.

명나라를 치기에는 고려의 힘이 약했고, 농사철에 군대를 동원하는 것은 옳지 않다고 생각했지요. 또 덥고 비가 오는 날씨라 군사들이 전염병에 걸릴 위험이 있다고 주장했어요. 하지만 우왕과 최영의 주장대로 이성계는 결국 군대를 이끌고 전쟁터로 가야 했어요.

그런데 위화도에 이르렀을 때에는 이미 많은 군사가 도망쳤고, 물이 불어 압록강을 건널 수도 없게 되었어요. 이성계는 몇 번이나 돌아가겠다고 청했지만 왕은 들어주지 않았어요. 결국 이성계는 위화도에서 군대를 돌려 개경으로 돌아왔어요. 이것을 '위화도 *회군'이라고 해요. 이성계는 돌아와서 최영을 죽이고 권력을 잡았어요. 이것을 계기로 이성계는 새로운 나라 조선을 세웠답니다.

명나라를 치기에는 우리 힘이 너무 약해. 다시 돌아가는 수밖에….

회군 군대를 돌이켜 돌아간다는 뜻.

02 '두문불출'이란 무슨 뜻일까요?

▲ 태조 이성계

한곳에 틀어박혀서 좀처럼 밖으로 나오지 않는 것을 가리켜 '두문불출'이라고 해요.

두문불출은 글자 그대로 풀이하면 '두문에서 나오지 않다'라는 뜻이에요. 이 말은 조선의 건국에 반대한 고려의 충신들 때문에 생긴 말이랍니다.

고려의 관리였던 이성계가 1392년 새로운 나라 조선을 세우고 왕위에 오르자 고려 왕조를 섬기던 사람들은 새로운 왕 태조 이성계에게 충성을 맹세했어요. 하지만 많은 충신이 죽거나 떠나면서 고려에 대한 자신들의 충성을 지켰어요.

그 가운데 일부는 경기도 개풍군 광덕산 기슭에 있던 두문동이라는 마을에 들어가 나오지 않았답니다. 신하 된 도리로 두 임금을 섬길 수 없

杜門不出
집에만 있고
세상 밖에
나가지 않음.

었기 때문이지요. 태조는 그들을 다시 조정으로 부르기 위해 온갖 방법을 썼지만 그들은 나오지 않았어요.

화가 난 태조는 두문동을 포위하고 불을 질렀어요. 불을 지르면 할 수 없이 나올 것이라고 생각했던 거예요. 하지만 72명이나 되는 충신들이 나오지 않고 대부분 불에 타 죽었답니다.

왕에 대한 *충절이 중요한 신하의 도리였던 만큼 훗날 사람들은 이 충신들의 충절을 높이 샀어요. 그래서 1783년 정조 때에는 왕의 명령으로 개성의 성균관에 표절사를 세워 그들의 충절을 기렸답니다.

※**충절** 충성을 굳게 지키는 꿋꿋한 태도.

03 선죽교의 원래 이름은 무엇이었나요?

　정몽주는 고려의 충신이었어요. 새 왕조를 세우려고 계획하던 이성계는 정몽주가 자신의 뜻을 따라 주기를 바랐지요. 이성계의 아들 이방원은 어느 날 이성계를 문병 온 정몽주에게 자신들의 뜻에 따라 달라는 시조를 들려주었어요. 하지만 정몽주는 고려 왕조에 변함없이 충성을 맹세하는 내용의 시조로 답했어요.

　결국 돌아오는 길에 정몽주는 이방원이 보낸 자객에게 죽고 말았어요. '선지교'라는 다리 위에서였지요. 그런데 정몽주가 죽은 뒤 그 자리에 절개를 상징하는 대나무가 솟아났다고 해요. 그 뒤부터 사람들은 그 다리를 '선죽교'라고 불렀답니다.

▲경기도 개성시에 있는 선죽교

04 서당의 등록금은 얼마였나요?

서당은 지금의 초등학교와 같은 역할을 했던 조선 시대의 교육 기관이에요. 지금과 같이 공식적인 학교가 아니라 지역에서 자연스럽게 생겨난 곳이지요. 서당에 가면 《천자문》을 시작으로 《동몽선습》,《명심보감》 등의 기초적인 책들을 읽으며, 훈장님에게 글씨와 글짓기도 배웠어요.

그러면 서당에서는 등록금을 어떻게 받았을까요?

글을 가르치고 배우는 것을 신성하게 여겼던 우리 조상들은 따로 등록금을 내지는 않았어요. 신성한 일에 돈을 주고받아서는 안 된다고 생각했던 거예요. 대신 감사의 뜻으로 훈장님에게 여름과 겨울에 약간의 곡식을 내어 놓았어요. 또 책 한 권을 떼면 '책거리', '책씻이'라고 해서 떡이나 음식을 장만해서 스승과 친구들에게 대접했지요. 이렇게 서당의 등록금은 훈장님의 생계를 해결해 줄 약간의 곡식이나 옷 정도였답니다.

하늘 천, 땅지….

어허, 놀지 마.

우리 아들이 《천자문》을 떼었으니 떡을 해 가자.

서당

05 왕은 어떻게 한강을
건넜나요?

옛날에는 강에 지금처럼 다리가 없었어요. 사람들은 나룻배 등을 타고 강을 건넜지요.

하지만 왕은 초라한 나룻배 한 척에 몸을 싣고 강을 건널 수는 없었어요. 왕의 위엄도 있고 왕이 한번 움직일 때면 따르는 사람들이 많았기 때문이에요.

그래서 왕이 강을 건널 때에는 배를 여러 척 나란히 연결해서 임시로 다리를 만들었지요. 왕은 튼튼하게 연결된 배다리 위로 수많은 사람을 거느리고 위엄 있게 강을 건넜답니다.

아,
멀미 나.

마마,
조심하소서.

알았느니라.
(좀 떨린다.)

'함흥차사'라는 말은 어떻게 생겼나요?

조선을 세운 태조 이성계는 두 아내에게서 여덟 명의 아들을 두었어요. 그 가운데 막내아들 방석을 세자로 삼았지요. 다섯째 아들 방원은 조선을 세우는 데 큰 공을 세운 자신을 제치고 막내가 세자 자리에 오르자 화가 났어요.

방원은 방석과 방간 등 형제들을 죽인 뒤 결국 왕의 자리에 올랐어요. 그가 바로 태종이랍니다. 이 과정을 지켜본 태조 이성계는 크게 화를 내며 고향인 함흥으로 떠나 돌아오지 않았어요.

태종은 아버지를 다시 모셔 오기 위해 몇 차례나 '차사'라는 직책의 관리들을 보냈어요. 하지만 태조는 물론이고, 보낸 차사마다 돌아오지 않았어요. 여전히 화가 풀리지 않은 태조가 죽이거나 가두었기 때문이지요.

그래서 지금도 심부름을 간 사람이 늦게 오거나 돌아오지 않으면 '함흥차사'라는 말을 쓰는 거예요.

아직 멀었나?

…

가면 죽는데…

17

07 조선 시대에 우리나라에 처음 들어온 동물은 무엇이었나요?

    지금은 동물원에 가면 지구촌 곳곳에 살고 있는 동물들을 한눈에 볼 수 있어요. 심지어는 북극에 사는 북극곰까지 볼 수 있지요.

    하지만 옛날에는 이렇게 다양한 동물들을 보기가 쉽지 않았어요. 우리나라에 사는 동물들은 주위에서 흔히 볼 수 있었지만 외국에만 있는 동물들은 그런 동물이 있는지조차 몰랐지요.

    그렇다면 우리나라에 외국 동물들이 들어오게 된 것은 언제부터일까요? 화려한 꽁지 깃털을 자랑하는 공작은 신라 시대에, 사막의 낙타는 고려 초에, 원숭이와 코끼리는 조선 시대에 처음으로 들어왔답니다. 원숭이는 조선 태조 때에 왜구들이 납치했던 조선 사람들을 돌려보내면서 선물로 보내 왔어요.

옛날에도
동물원이
있었을까?

18

코끼리는 1411년 태종 때에 일본 국왕이 선물로 보내어 처음 우리나라에 들어왔답니다. 처음에는 코끼리를 따로 맡아 돌볼 곳이 없어 말을 돌보는 곳에서 맡아 길렀지요. 그런데 공조 판서를 지낸 이우라는 사람이 코끼리에게 깔려 죽는 사건이 일어났어요. 코끼리가 들어온 다음 해인 1412년 겨울의 일이었지요. 나라에서는 이 일로 코끼리를 섬으로 보내 버렸어요.

▲코끼리

그런데 코끼리가 계속 마르고, 사람만 보면 눈물을 흘린다는 편지를 본 왕은 코끼리를 용서해 주었지요.

하지만 그 뒤 코끼리가 먹이를 주는 사람을 발로 차서 죽이는 사건이 생겼고, 하루에 쌀과 콩 세 말을 먹어 치우는 엄청난 식성 때문에 코끼리는 다시 섬으로 가게 되었답니다.

08 '신문고'란 무엇인가요?

'신문고'란 조선 시대에 궁궐 밖에 설치해 두었던 커다란 북이에요. 1401년 태종이 백성들의 억울한 사정에 귀를 기울이기 위해 설치했어요. 신문고를 치면 왕이 직접 북을 친 사람을 불러 사연을 듣고 처리해 주었지요.

당시 일반 백성들은 한자를 몰라 글도 쓸 수 없었고, 관청을 무서워해서 억울한 일을 당해도 해결하기가 어려웠어요. 때문에 신문고는 무척 인기가 있었지요. 하지만 신문고를 치기까지는 절차가 무척 까다로웠어요. 그러다 보니 시간이 흐르면서 신문고는 본디의 의미를 살리지 못하고 결국 없어지고 말았답니다.

09 조선 시대에는 주민 등록증을 무엇이라고 불렀나요?

조선 시대의 주민 등록증은 '호패'라고 불렀어요. 나무로 만든 호패에는 그 사람의 이름, 생년월일, 신분 등이 적혀 있었지요. 특히 종의 신분인 경우에는 주인의 이름과 자신의 나이, 사는 곳,

▲ 호패(국립중앙박물관)

얼굴빛, 수염이 있는지 없는지 등을 자세히 적었어요.

호패의 역할은 당연히 신분을 나타내는 것이었지요. 호패는 특히 군사를 모으거나 세금을 걷을 때 사람을 구분하고 관리하는 데에 쓰였어요. 그래서 호패는 16세 이상의 남자들만 차고 다녔답니다.

숙종 때에는 호패를 나무 대신 종이로 만들어 사용하기도 했어요.

왜 우리 여자들은 저런 신분증이 없지?

10 왕위를 동생에게 양보한 세자는 누구인가요?

나 태종.

태종에게는 양녕 대군, 효령 대군, 충녕 대군 이렇게 세 왕자가 있었어요. 왕은 속으로 셋째인 충녕 대군을 세자로 삼고 싶었지만 맏아들이 왕위를 잇는 것이 마땅하므로 양녕 대군을 세자로 세웠어요.

이런 태종의 속마음을 안 양녕 대군은 일부러 미친 사람처럼 행동해서 세자 자리에서 쫓겨났지요. 뒤를 이어 세자 후보가 된 둘째 아들 효령 대군은 더욱 열심히 공부하며 노력했어요. 양녕 대군은 효령 대군에게 셋째인 충녕 대군을 왕위에 올리고자 하는 자신의 뜻을 알렸어요. 그러자 효령 대군도 형의 뜻에 따르기로 했지요. 결국 충녕 대군이 세자로 책봉되었고, 효령 대군은 절로 들어가 스님이 되었어요. 이렇게 해서 세자가 된 뒤 훗날 왕위에 오른 왕이 바로 유명한 세종 대왕이랍니다.

셋째를 왕 시키자.

알았어, 형!

내가 바로 그 유명한 세종 대왕이야.

첫째
22 양녕 대군

둘째
효령 대군

셋째
충녕 대군

11 홍길동이 아버지를 아버지라고 부르지 못한 까닭은 무엇인가요?

조선 시대의 유명한 소설 《홍길동전》의 주인공 홍길동은 양반의 자손이었지만 아주 천한 대우를 받았어요. 정식 부인이 아닌 *첩의 자식이었기 때문이지요. 양반의 첩에게서 태어난 자식은 '서얼'이라고 불리며 차별 대우를 받았어요. 홍길동처럼 아버지를 아버지라고 부르지 못하고 대감마님이라고 불러야 했답니다. 재산을 물려받을 수도 없고, 과거 시험을 치를 수도 없었어요.

이런 불평등한 신분 제도 때문에 서얼 출신들은 곳곳에서 반란을 일으키기도 하고, 훗날 사회에 불만을 품은 세력으로 성장하기도 했어요.

※**첩** 정식 아내 외에 데리고 사는 여자.

아버지를 아버지라 부르지 못할 바에는 도둑이나 되어야겠다.

정의로운 도적의 무리인 활빈당의 두목, 홍길동.

23

12 옛날에도 자명종이 있었다고요?

아주 오랜 옛날에는 지금처럼 시간을 정확히 알기 힘들었어요. 물이나 모래, 또는 해의 방향을 이용해 대략의 시간만을 짐작할 수 있었지요.

▲앙부일구

우리나라에서는 삼국 시대의 역사를 담은 책인 《삼국사기》에 처음으로 시계에 대한 이야기가 나와요. 그런데 이전의 자연 시계와 달리 기계를 이용한 시계 문화가 발달한 것은 바로 조선 시대예요.

1434년 세종 대왕 때 장영실이 '앙부일구'라는 해시계를 처음 만들었어요. 앙부일구는 공을 반으로 잘라 놓은 듯한 모양 안쪽 면에 선을 긋고 표시를 한 것으로, 가운데 있는 바늘의 그림자에 따라 시간을 알 수 있었어요. 앙부일구는 시간뿐만 아니라 24절기도 알려 주어 농사를 짓는 데에도 도움을 주었지요. 나라에서는 앙부일구를 서울 종로의 혜정교와 종묘의 남가 두 군데에 설치해서 지나가는 사람들이 시간을 알 수 있도록 했어요.

빨리 좀 울려.

하지만 해가 없을 때에는 시간을 알 수 없다는 것이 해시계의 단점이었어요. 그래서 장영실은 다시 물시계인 자격루를 만들었어요. 자격루란 '스스로 울리는 물시계'라는 뜻

▲ 국보 제229호로, 정식 명칭은 '보루각 자격루'

이에요. 자격루는 물이 가득 차면 스스로 소리를 내어 시각을 알려 주었답니다.

자격루는 경회루의 남쪽에 설치되었어요. 경복궁 정문에 있는 문지기는 자격루 소리를 듣고 종루에 전해 주어 큰 종을 치게 했어요. 이 종소리로 사람들은 시간을 알 수 있었지요.

알았어.

벌써 점심 먹을 때 됐네.

뎅

자격루는 물이 차오르면 지렛대가 쇠구슬을 떨어뜨리고 이 힘으로 인형이 북과 총, 징을 쳐서 시간을 알렸어요.

13 조선 시대의 가장 유명한 발명가는 누구인가요?

조선 시대의 가장 유명한 발명가는 바로 장영실이에요. 장영실은 천한 노비 출신이었어요.

하지만 어렸을 때부터 손재주가 좋아 물건들을 잘 만들어 냈지요. 장영실의 재주가 뛰어나다는 소문은 세종 대왕의 귀에까지 들어갔어요.

세종 대왕은 천한 신분인 장영실에게 벼슬을 내려 마음껏 연구를 할 수 있도록 해 주었답니다. 장영실은 해시계, 물시계, 천문 관측기 등 수많은

▲ 세종 대왕 때 만들어진 측우기

발명품을 만들어 냈어요. 그 가운데에서도 가장 유명한 것은 *수표와 함께 만든 측우기예요. 1441년에 만들어진 측우기는 세계 최초의 *우량계랍니다. 사람들은 측우기로 내린 비의 양을 재어 홍수에 대비할 수 있었어요.

※**수표** 강이나 저수지 등의 물높이를 재기 위해 설치하는 눈금이 있는 표지.
※**우량계** 비가 내린 양을 재는 기구.

14 '삼포 왜란'은 왜 일어났나요?

세종 25년인 1443년, 조선은 부산포·제포·염포의 삼포를 일본 사람들에게 열어 주었어요. 이 항구들을 통해 일본 사람들은 우리나라에 오고갈 수 있었지요. 점차 우리나라에 머무르는 일본 사람들도 많아졌어요.

그런데 점차 일본 사람들이 말썽을 피워 조선의 관리들과 부딪히는 일이 많아졌어요. 문제가 심각해지자 1510년 중종은 삼포에 있는 일본 사람들에게 모두 일본으로 돌아가라고 했어요. 이에 불만을 품은 일본 사람들은 폭동을 일으켰어요. 제포와 부산포에 이어 염포까지 쳐들어왔지요. 이것이 바로 '삼포 왜란'이에요.

조정에서는 곧 군사를 보내 이들을 무찌르고, 삼포의 일본 사람들을 모두 일본으로 쫓아 버렸어요. 이 왜란으로 조선과 일본은 한동안 왕래를 하지 않았어요. 중종은 2년 뒤에야 삼포 가운데 제포만을 열어 주었답니다.

이제는 '제포'만 열겠다.

제포

27

15 어린 왕들은 어떻게 나랏일을 돌보았나요?

왕이 일찍 죽으면 세자가 어린 나이로 왕위에 오르는 경우도 있었어요. 어린 왕들은 나라의 중요한 일들을 결정하기에는 너무 어렸지요. 단종, 순조, 고종 등이 이런 경우였어요.

순조의 경우에는 왕비의 아버지가 왕을 돕는다며 나라를 대신 다스렸어요. 또 고종 때에는 고종의 아버지인 흥선 대원군이 나라를 대신 다스리다가 뒤에는 왕비인 명성 황후와 그 친척들이 권력을 휘둘렀지요. 이렇게 왕의 역할을 다른 사람이 대신하는 것을 '섭정'이라고 해요.

대표적인 섭정이 '수렴청정'이지요. 수렴청정은 나이 어린 왕이 왕위에 올랐을 때, 왕의 어머니인 왕대비나 할머니인 대왕대비가 왕이 어른이 될 때까지 나랏일을 대신 처리하는 것을 말해요. 옛날에는 신분이 높은 여자들이 남자 신하들 앞에 함부로 얼굴을 내보일 수 없어 *발을 치고 그 뒤에 앉아 나랏일을 돌보았어요. 이렇게 발을 치고 정치를 논한다고 해서 수렴청정이라는 이름이 붙은 것이지요.

조선 시대에는 이러한 수렴청정이 여덟 차례나 있었어요. 이렇게 수렴청정을 하는 시대의 왕은 아무런 힘 없이 자리만 지키는 허수아비일 뿐이었어요. 섭정을 하는 사람과 그 친척들이 권력을 마음대로 휘두르는 '세도 정치' 때문에 많은 문제가 생겼지요.

특히 순조 이후 철종 때까지 60여 년간은 외척이었던 안동 김씨, 풍양 조씨 가문의 '세도 정치'로 조정이 부패해서 벼슬을 사고파는 등 못된 관리들이 권력을 휘둘렀어요. 그래서 백성들의 삶은 더욱 어려워지고 곳곳에서 난리가 일어나는 등 그 피해가 컸답니다.

※**발** 가늘고 긴 줄 등을 여러 개 나란히 늘어뜨려 만든 것으로 주로 무엇을 가리는 데 쓴다.

16 '사육신'과 '생육신'이
무엇인가요?

세종 대왕의 맏아들로 조선의 제5대 왕이었던 문종은 몸이 약해 왕위에 오른 지 2년 만에 숨을 거두었어요. 뒤를 이어 아들인 단종이 왕위에 올랐으나 겨우 12세의 어린 나이라 제대로 정치를 할 수 없었지요.

이를 예상한 문종은 세종 때부터 일해 온 믿을 수 있는 정승들에게 단종을 잘 돌보아 줄 것을 부탁해 놓았어요. 이들은 어린 왕이 결재할 서류에 노란 표시를 해서 올렸어요. 어린 단종은 정승들의 표시대로 나랏일을 결정했지요. 이것을 노란 표시를 했다고 해서 '황표 정치'라고 불렀어요.

▲ 서울 노량진에 있는 사육신묘

30

단종의 삼촌이자 세종의 둘째 아들이었던 수양 대군은 '황표 정치'가 왕권을 떨어뜨린다고 주장했어요. 하지만 그것은 왕위를 빼앗을 욕심을 가리기 위한 핑계일 뿐이었어요. 결국 수양 대군은 한명회 같은 신하들을 모아 계략을 꾸민 뒤 수많은 사람을 죽이거나 귀양 보내고 단종을 몰아냈어요. 그런 다음 자기가 왕이 되었지요. 그가 바로 세조예요. 옳지 못한 방법으로 왕이 된 세조에게 많은 충신이 반대했어요.

　그 가운데에서도 성삼문, 박팽년, 하위지, 유응부, 유성원, 이개 등은 드러내 놓고 세조에게 대항하며 단종을 다시 왕위에 올리려고 하다가 잡혔어요. 끔찍한 고문에도 뜻을 굽히지 않던 이들은 모두 죽음으로 충절을 지켰어요. 사람들은 이 여섯 충신을 가리켜 '사육신'이라고 불렀어요. 또 김시습, 원호, 이맹전, 남효온, 조려, 성담수 등은 세조의 부름을 뿌리치고 외부와 담을 쌓은 채 평생을 살았어요. 조카를 내몰고 왕위에 앉은 세조를 모실 수는 없다는 뜻이었지요. 이들을 살아서 충절을 지켰다고 해서 '생육신'이라고 한답니다.

17 조선 시대에 벼슬을 한 나무가 있다고요?

충청북도에 있는 속리산 입구에 가면 600세 정도 된 소나무를 볼 수 있어요. 이 나무는 조선 시대에 정이품의 벼슬을 한 소나무라고 해서 '정이품송' 이라고 불리지요. 정이품은 지금의 장관과 비슷한 높은 벼슬이랍니다.

▲충청북도 속리산에 있는 정이품송

1464년 세조가 속리산에 있는 법주사라는 절에 갈 때였어요. 세조가 탄 가마가 소나무의 처진 나뭇가지에 걸리자, 세조는 "가마가 걸리는구나."라고 말했어요. 그러자 소나무가 세조의 말을 알아듣고 스스로 가지를 들어 올려 가마가 지나갈 수 있도록 해 주었다고 해요. 이 일을 기특히 여긴 세조가 소나무에게 벼슬을 내렸다는 이야기가 전해진답니다.

18 설렁탕은 어떻게 생겨난 음식인가요?

옛날 왕들은 봄에 *경칩이 지나면 날을 잡아 선농단으로 갔어요. 오늘날의 동대문구 제기동에 있는 곳이지요. 왕들은 선농단에서 풍년을 비는 제사를 지냈어요. 그리고 직접 농사를 지어 백성들에게 농사의 중요성을 알리고 모범을 보였지요. 선농단에서 제사를 지내는 것을 '선농제', 왕이 농사를 짓는 땅을 '적전', 왕이 직접 농사짓는 것을 '친경'이라고 했어요.

어느 날 세종 대왕이 친경을 하는데 비가 많이 내렸다고 해요. 퍼붓는 비 때문에 꼼짝 못하던 사람들은 배가 고파졌어요. 그래서 데려갔던 소를 잡아 끓여 먹었는데 이것이 설렁탕의 시작이랍니다.

*경칩 24절기의 하나로 양력 3월 5일경. 겨울잠을 자던 벌레나 개구리 등이 깨어난다는 시기이다.

19 동네를 다스리는 사람은 동네에서 뽑아야 한다고 주장한 사람은 누구였나요?

세조 때에는 지방을 다스릴 관리를 중앙에서 뽑아 내려보냈어요. 하지만 이런 관리들은 지방의 사정이나 풍속을 잘 몰라 백성들을 잘 다스리지 못했지요. 백성들의 불만은 점점 높아졌어요.

그러자 1467년, 함경도 지역에서 세력을 잡고 있던 집안 출신의 무관인 이시애가 반란을 일으켰어요. 함경도 땅은 함경도 사람이 다스려야 한다는 것이 반란을 일으킨 이유였지요. 이시애는 나라에서 내려보낸 관리들을 죽이고 여러 관아를 점령했어요. 그리고 "내가 반란을 일으키려 하는 무리들을 무찔렀으며, 함경도 지역 백성들의 민심이 어수선하니 이 지역 출신의 관리를 뽑아 백성들을 안심시켜야 한다."라고 거짓 보고를 올렸답니다.

하지만 곧 거짓임이 밝혀졌고, 나라에서 보낸 토벌군에게 패해 이시애의 반란은 결국 실패하고 말았지요.

반란군을
쳐부수자!

와! 와!

조선 시대에 만들어진 가장 특이한 돈은 무엇인가요?

옛날 사람들은 돈 대신 쌀이나 천으로 값을 매겼어요. 가장 흔하고 꼭 필요한 물건이었기 때문이에요. 이전부터도 화폐가 있었고, 고려 말에서 조선 초에는 종이돈도 만들어

▲ 상평통보 당이전(국립중앙박물관)

졌지만 상업이 발달하지 않았기 때문에 인기가 없었어요. 고민하던 세조는 화살 모양으로 돈을 만들었어요. 평소에는 돈으로 쓰고 전쟁 때에는 무기로 쓰겠다는 것이었지요. 좋은 생각이었지만 신하들의 반대로 실제로 쓰이지는 못했답니다.

화폐가 활발히 사용된 것은 조선 후기에 상업과 공업이 발달하면서부터였어요. '상평통보'라는 동전이 만들어지면서 화폐가 많이 사용되기 시작했답니다.

21 조선 시대에도 신문이 있었나요?

　　조선 세조 때에는 '조보'라는 것이 있었어요. 조보는 왕의 비서실 역할을 했던 승정원에서 관리했지요. 승정원에서는 왕의 명령, 나라의 중요한 일, 관리의 임명 등을 정리해서 조보를 만들었어요. 그리고 이것을 일일이 손으로 베껴 각 관청과 관리들, 높은 양반들에게 매일 배달했어요. 지금의 신문과는 좀 다르지만 우리나라 신문의 시초라고 할 수 있지요. 하지만 우리나라 최초의 정식 신문은 1883년에 만들어진 '한성순보'랍니다.

22 《경국대전》은 어떤 책인가요?

조선 시대의 법전은 조선이 건국될 때부터 만들어졌고 고치는 작업도 꾸준히 계속되었어요. 하지만 세종 대왕 때까지도 부족한 부분이나 현실과 맞지 않는 부분이 많았어요. 그래서 세조는 왕위에 오르자마자

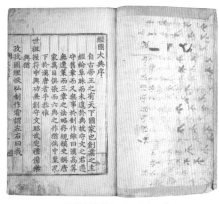

▲《경국대전》(국립중앙박물관)

그때까지의 모든 법을 정리해서 오래도록 길이 남을 법전을 만들기로 했답니다. 이렇게 시작된 작업은 세조에서 예종으로 그리고 성종에게까지 이어졌어요. 결국 《경국대전》은 성종 15년인 1484년 12월에 완성되었고 그다음 해부터 시행되었지요.

《경국대전》은 통치, 경제, 예절, 군대, 법률, 건설 교통 등의 여섯 분야로 나뉘어 있어요. 고려 말에서 조선의 성종에 이르는 약 100년간의 자료를 바탕으로 해서 만들어진 법률 사전이지요. 오늘날의 헌법과도 같은 역할을 했던 조선의 《경국대전》은 조선 시대의 제도를 연구하는 데 많은 도움을 주고 있답니다.

23 부부 싸움을 하다가 쫓겨난 왕비는 누구인가요?

조선의 9대 왕인 성종은 첫 번째 왕비였던 공혜 왕후가 죽자 연산군을 낳은 후궁 윤씨를 두 번째 왕비로 맞았어요. 하지만 성종은 점차 다른 후궁들을 좋아하게 되어 왕비에게 소홀해졌지요. 후궁들은 호시탐탐 기회를 엿보면서 왕비를 *모함했어요. 그러자 왕비는 후궁들을 질투하고, 성종에게도 못되게 굴었어요. 그럴수록 성종과 왕비의 사이는 더욱더 멀어졌지요.

그러다가 왕비가 실수로 성종의 얼굴에 손톱자국을 내게 되었어요. 그 일로 왕비는 아들인 연산군을 빼앗기고 궁궐에서 쫓겨났고, 결국 모함을 받아 사약을 마시고 죽었답니다.

※**모함** 나쁜 꾀로 남을 어려운 처지에 빠지게 함.

24 연산군은 왜 한글을 싫어했나요?

연산군의 친어머니인 윤씨는 모함을 받아 사약을 마시고 죽었어요. 나중에 그 사실을 알게 된 연산군은 왕이 된 뒤 그 일과 조금이라도 관련된 사람들을 죽이거나 벌했어요. 그리고 술과 여자에만 빠져 지내며 난폭한 정치를 일삼았어요. 이렇게 왕이 나랏일에는 관심조차 없다 보니 백성들의 삶은 갈수록 어려워졌지요. 그러자 연산군을 비난하는 한글 *투서가 여기저기 붙었어요.

이에 화가 난 연산군은 한글을 쓸 줄 아는 사람들을 모조리 잡아들이고, 한글을 쓰지 못하게 했으며, 한글로 쓴 책마저 모조리 불살라 버렸답니다.

투서 드러나지 않은 사실이나 남의 잘못을 적어 몰래 보내는 글.

저…저런 나쁜 놈…. 내가 얼마나 어렵게 만든 한글인데.

← 세종 대왕

한글로 된 책들은 모두 불태워 버려라. 우띠~.

연산군 →

25 왕의 이름은 왜 '조'나 '종'으로 끝날까요?

조선 시대 임금 이름은 대체로 '~조' 또는 '~종'으로 끝나요. 왕자 시절에는 이름 뒤에 '군'이나 '대군'이 붙지요. 예를 들어 세종 대왕의 왕자 시절 이름은 충녕 대군이었어요.

그리고 왕위에 있는 동안은 '전하' 또는 '상감마마'라고 불렸어요.

왕이 죽으면 비로소 '조'나 '종'으로 끝나는 *묘호를 붙였답니다. 나라를 처음 세운 왕에게는 '태조', 그에 못지않은 일을 한 왕에게는 '태종', 전쟁이나 반란 등 나라의 어려운 일을 잘 이겨 낸 왕에게는 '조', 뛰어나게 훌륭한 일을 한 왕에게는 '종'을 붙여 묘호를 지었지요.

＊**묘호** 임금이 죽은 뒤에 살아 있을 때 쌓은 공과 덕을 기려 붙인 이름.

26 연산군과 광해군은 왜 다른 왕들과 이름이 다른가요?

조선의 임금 27명 중 연산군과 광해군만은 '~조'나 '~종'으로 끝나는 묘호를 얻지 못했어요. 왕자 시절에 불리던 이름 그대로 불렸지요. 그 이유는 나라를 제대로 다스리지 못해서 왕위에서 쫓겨났기 때문이에요.

연산군과 광해군은 왕실의 역사를 기록한 실록에서도 제외되었어요. 따라서 《세종실록》과 같은 정식 실록이 없고 《연산군일기》와 《광해군일기》로 남아 있답니다.

그러게.

우리가 왜 그랬을까?

쯧쯧, 왕은 너그럽게 덕으로 정치를 해야 하는데….

27 지금의 과학자나 의사가 조선 시대에 태어났다면 어땠을까요?

어험, 우리는 양반.

오늘날 과학자나 의사는 전문직으로 아주 멋있는 직업이지요. 하지만 조선 시대에는 그렇지 않았어요.

조선 시대에는 태어날 때부터 양반·중인·상민·천민의 네 계급으로 신분이 나뉘었어요. 이러한 신분에 따라 직업이나 할 수 있는 일이 정해졌답니다.

양반은 가장 높은 신분으로 벼슬을 할 수 있었고 종도 부릴 수 있었어요.

중인은 양반과 상민의 중간 신분이었어요. 오늘날의 의학·천문·지리·법률 같은 전문직에 종사했어요. 높은 벼슬은 할 수 없었지만 낮은 벼슬

우리는 중인. 전문직에 종사하지.

농민인 우리는 상민. 이랴!

은 할 수 있었지요. 지금의 과학자나 의사가 옛날에 태어났다면 이 신분에 속했을 거예요.

농사를 짓거나 장사를 하는 보통 백성들은 상민에 속했어요.

마지막으로 종이나 광대, 백정 등은 천민에 속했는데 가장 낮은 신분으로 천한 대우를 받았답니다.

28 암행어사가 아닌 사람도 마패를 썼다고요?

'마패' 하면 암행어사가 생각나지요. 원래 마패는 역참에 있는 말을 탈 수 있는 이용권이었어요. 따라서 암행어사뿐만 아니라 다른 관리들도 마패를 사용했답니다.

▲마패(국립중앙박물관)

나랏일로 먼 곳에 갈 때에는 마패를 받아서 역마다 들러 말을 갈아타면서 가야 했지요. 지금은 비행기나 자동차, 기차를 타면 되지만 당시에는 말이 가장 빠르고 손쉬운 교통편이었으니까요. 가다가 말이 지치면 지역마다 있는 역참에서 다른 말로 바꾸어 타거나 말을 쉬게 했어요. 직책이나 신분에 따라 마패에 새겨진 말의 수가 달랐는데 그 수만큼 말을 사용할 수 있었지요.

특히 마패는 암행어사가 말뿐만 아니라 역참의 하인을 부리거나 "암행어사 출두요!"라고 외칠 때 반드시 필요한 것이었지요.

29 조선 시대에도 은행이 있었나요?

객주는 고려 시대에 생겨나 조선 시대에 자리를 잡았어요. 객주의 종류는 다양했지만 객주라고 하면 흔히 물상객주를 가리켰어요. 물상객주가 하는 일은 주로 중간 상인의 역할이었어요. 물건을 팔려는 사람이 객주에 물건을 맡기면 적당한 사람을 찾아 대신 팔아 주기도 하고, 물건을 보관해 주기도 하고, 물건을 운반할 때 필요한 마차나 선박을 소개해 주기도 했지요.

이렇게 여러 물건과 돈이 오고 가는 곳이다 보니 자연스럽게 돈을 꾸어 주거나 맡아 주기도 하고, 오늘날의 *어음과 수표 같은 것을 발행하기도 하는 등 은행의 업무도 담당하게 되었답니다.

*어음 돈을 주기로 약속한 표 쪽.

45

30 조선 시대의 학생들도 시위를 했나요?

조선 시대의 학생들도 지금과 비슷하게 시위를 했다고 해요. 서당이나 성균관 등 학교에 다니는 학생들이 벌이는 시위를 '권당'이라고 불렀어요. 권당은 공부하는 방을 비워 수업을 거부하는 방법이었어요. 그중에서도 공부방에 앉아는 있지만 장님처럼 굴어 수업을 거부하는 것을 '청맹 권당', "아이고, 아이고!" 하고 곡을 하며 대궐 앞까지 나아가는 것을 '호곡 권당'이라고 했답니다.

중종 때 정치를 개혁하고자 했던 조광조가 감옥에 갇히자 성균관 학생들과 유생들은 *상소문을 올리고 대궐 문을 밀어 열었어요. 이 사건은 조선 시대에 가장 격렬한 권당으로 손꼽히지요.

그런데 그 격렬함이 오히려 중종의 노여움을 사서 조광조는 사약을 받아야만 했답니다.

이러한 권당은 나라를 위하는 큰 뜻에서 벌이는 것이었어요. 나랏일을 제대로 돌보지 못하는 왕과 관리들에게 깨우침을 주기 위한 것이었지요. 그래서 효종 때의 정승이었던 이후원은 성균관 권당의 명분만 따른다면 역사에 남을 위대한 임금이 될 수 있을 것이라고 말하기도 했어요.

이처럼 나라를 걱정했던 권당의 전통은 일제 강점기에는 독립운동으로, 근대에는 민주화 운동으로, 오늘날에는 촛불 시위로 지금까지 이어져 오고 있답니다.

※**상소문** 임금에게 올리던 글.

요즘에만 시위를 한 게 아니었구나.

31 '소수 서원'은 다른 서원과 무엇이 다른가요?

조선 시대의 서원은 훌륭한 학자나 선조에게 제사를 지내고, 인재를 교육시키기 위한 사설 기관이었어요.

초기의 서원들 가운데에서 이 두 가지 역할을

▲ 백운동 서원

다 하는 서원으로 유명했던 서원은 1543년 경상북도 영주시에 풍기 군수 주세붕이 세운 '백운동 서원'이에요. 1550년 풍기 군수로 간 이황이 이 서원을 보고 나라에서 허락하는 교육 기관이라는 뜻에서 ※사액을 내려 줄 것을 건의했어요. 명종은 이러한 서원을 권장하기 위해 직접 '소수 서원'이라고 쓴 현판, 즉 사액과 땅 그리고 노비를 내려 주고 세금을 면제해 주었어요.

이렇게 임금이 이름을 내려 준 서원을 '사액 서원'이라고 하는데 '소수 서원'이 그 시초랍니다.

※**사액** 임금이 지어 준 이름을 새기거나 쓴 액자.

'홍의 장군'이라고 불린 사람은 누구인가요?

경상남도 의령에서 태어난 곽재우는 과거에 급제했지만, 과거 시험에서 쓴 글 가운데 왕에게 거슬리는 내용이 있어서 급제가 취소되었어요. 그 뒤로 조용히 숨어 지내던 곽재우는 1592년 4월 14일 임진왜란이 일어나 왕이 의주로 피난하자, 22일에 의령에서 수십 명의 사람들을 모아 의병을 일으켰어요. 곽재우는 산이 많은 우리나라의 지형을 잘 이용해 여러 번 승리를 거두었지요.

그런데 곽재우는 싸울 때 늘 붉은 옷을 입고 있어서 '홍의 장군'이라고 불렸어요. '홍의'란 '붉은색 옷'이란 뜻이에요. 왜군은 곽재우의 붉은 옷만 보고도 벌벌 떨며 달아날 정도였답니다. 이처럼 임진왜란 때는 곽재우뿐만 아니라 많은 의병이 일어나 나라를 위해 싸웠어요.

헉, 빨간색 옷이다. 도망가자!

나도 빨간색 옷인데…

33 '통신사'란 무슨 일을 하는 사람이었나요?

우리나라는 먼 옛날부터 일본과 가깝고도 먼 나라였어요. 서로 문화를 전해 주기도 하고, 무역을 하기도 하고, 그런가 하면 전쟁도 많이 했던 사이였지요. '통신사'는 일본 막부 장군에게 보낸 국가의 공식적인 사절단을 말해요. 300~500명 정도나 되는 많은 수가 간 적도 있는데, 이때 일본은 많은 사람을 복잡한 예의를 지켜 가며 대접하느라고 그야말로 식은땀을 흘렸다고 해요.

통신사는 1876년 *강화도 조약이 이루어진 뒤에 이름이 '수신사'로 바뀌었어요.

강화도 조약 고종 13년에 조선과 일본 사이에 맺어진 불평등 조약으로, 이 조약에 따라 부산 외에 인천, 원산의 두 항구를 개항했다.

아주 아주 멀고도

문화 교류를 하면서도 전쟁을 해야 하다니….

가까운 나라

우리 일본 사람이노 조선 사람에게 배울 게 너무 많스므니다.

34 조선 시대에도 만우절이 있었나요?

조선 시대에도 지금의 만우절과 비슷한 풍속이 있었어요. 조선 시대 궁중에서는 첫눈이 오는 날이면 궁인들이 왕을 속여도 죄를 묻지 않았답니다.

첫눈이 오는 날이면 비빈들이나 궁녀들은 화려하게 포장한 선물을 왕에게 보냈어요. 선물을 열어 보면 안은 텅 비어 있었지요. 하지만 왕은 화를 내지 않고 웃고 말았답니다. 조선 시대의 엄격한 예절을 생각할 때 궁에서, 그것도 왕을 속이다니 평소에는 생각도 할 수 없는 일이지요. 하지만 첫눈이 오는 날에는 그런 일이 가능했던 거예요.

겨울에 눈이 많이 오면 풍년이 든다고 해서 옛사람들은 눈을 반겼어요. 그런 반가운 첫눈이 오는 날 만우절처럼 가벼운 거짓말을 즐기며 놀 수 있었다니, 정말 재미있었겠지요?

35 이순신 장군은 왜 사인 연습을 했나요?

내 사인이야, 멋있지?

충무공 이순신 장군이 임진왜란 중에 쓴 일기인 《난중일기》를 보면 직접 사인 연습을 한 것이 남아 있어요. 그 옛날 연예인이 되고 싶었던 것도 아닐 텐데, 왜 사인 연습을 했을까요?

조선 시대의 사인은 '수결'이라고 했는데 오늘날의 사인과는 달라요. 수결은 개항 이전 조선 시대에 보통 성명을 가지고 있던 상민 이상의 사람들이 문서에 사용한 독특한 부호예요.

특히 관직에 있는 사람이 서류를 결재할 때에는 '일심(一心)'이라는 글자를 각자 독특한 방법으로 써서 구별했어요. 일(一) 자를 길

sign? 사인? 死因?

게 긋고 그 아래위로 점이나 원 등을 그렸는데, 서로 비슷해서 지금 보아서는 누가 한 것인지 구별하기 어렵지요. 하지만 당시에는 수결로 지금의 사인처럼 누가 결재한 서류인지 구별했어요. 이러한 수결은 중국과 일본에서는 찾아볼 수 없고, 조선에서만 사용했던 풍습이랍니다.

수결 외에도 예부터 우리나라에서는 도장을 주로 사용했어요. 《삼국사기》에 "신라 시대에는 왕이 바뀔 때 *국새를 전했다."라고 되어 있는 것으로 보아 그 이전부터 사용한 것으로 짐작할 수 있지요. 도장은 작은 일에 찍는 나무 도장에서부터 왕의 위엄을 상징하는 *옥새에 이르기까지 중요한 역할을 했답니다.

＊**국새** 나라를 대표하는 도장.
＊**옥새** 옥으로 만든 국새.

36 왜군이 거북선을 두려워한 까닭은 무엇인가요?

옛날에는 바다 위에서 싸울 때 주로 포를 쏘며 배끼리 부딪쳐 가라앉게 하거나, 직접 적의 배 위로 올라가 싸우는 방법을 사용했어요. 그런데 배를 움직이려면 많은 사람이 노를 저어야 했는데 일반 군선은 노를 젓는 군인들과 전투를 하는 군인들이 뒤섞여 몹시 불편했어요. 그래서 개발된 것이 '판옥선'이랍니다.

◀ 거북선

54

겨우 한 척 남았네….

　판옥선은 배 내부가 이 층으로 되어 있어서 노를 젓는 사람들과 전투를 하는 사람들이 각자 맡은 임무를 충실히 할 수 있도록 되어 있었어요. 판옥선만으로도 왜군은 조선 수군을 감당하기 힘들어했지요. 그런데 이러한 판옥선을 연구해 더욱 좋게 만든 것이 거북선이에요.

　임진왜란이 일어나기 1년 전인 1591년에 전라 좌수사가 된 이순신 장군은 왜군의 침략에 대비해 나대용과 함께 거북선을 만들었어요. 거북선은 지붕에 철갑을 씌우고 쇠침을 박아 적들이 배에 기어 올라오지 못하도록 되어 있었지요. 또 보통 배들이 옆에만 포를 설치한 것에 비해 용머리와 꼬리에도 포를 설치해 앞뒤로 오가면서도 포를 쏠 수 있도록 했어요.

　이렇게 잘 만들어진 거북선은 임진왜란 때 이순신 장군과 함께 많은 승리를 거두며 왜군을 두려움에 떨게 했답니다.

거북선이다! 빨리 도망가자.

37 '백의종군'이란 무슨 뜻인가요?

'백의종군'은 벼슬 없이 보통 사람의 신분으로 군대를 따라 전쟁 터에 나가는 것을 말해요.

임진왜란 당시 이순신 장군은 조정의 출병 명령을 받았지만 이 것이 일본의 계략에 의한 것임을 알고 응하지 않았다가 파직, 투옥되고 말았어요. 하지만 나라에서는 여전히 이순신 장군의 힘이 필요했지요. 주변의 도움으로 풀려난 이순신 장군은 권율 장군 밑에서 백의종군할 것을 명령받았어요. 위대한 장군이었지만 평범한 백성들과 똑같은 신분으로 전투에 참가해야 했던 거예요. 하지만 이순신 장군은 열심히 싸웠고, 곧 자신의 위치로 되돌아가게 되었답니다.

벼슬에 미련도 없고 욕심도 없다네.

38 행주치마와 행주 대첩은 무슨 관계가 있나요?

임진왜란이 한창인 1593년, 권율 장군이 지키고 있는 행주산성으로 왜군들이 쳐들어왔어요. 군인들과 백성들은 모두 힘을 합쳐 싸웠어요. 이 싸움에서마저 진다면 나라가 큰 위험에 처하게 되는 중대한 상황이었지요. 그래서 무기도 없고 큰 힘이 없는 아낙들까지도 열심히 전투에 참가했어요. 앞치마에 돌을 담아 날라 성벽을 기어 올라오는 왜적을 물리치는 데 힘을 보탰지요.

이렇게 단합한 덕분에 행주 대첩은 큰 승리로 끝났어요. 그 뒤로 앞치마를 '행주치마'라고 부르게 되었답니다.

▲ 행주 대첩을 묘사한 미술 작품

39 조선 시대에도 비행기가 있었나요?

전해 오는 이야기에 따르면 조선 시대에도 비행기가 있었다고 해요. 임진왜란 때 정평구란 사람이 '하늘을 나는 수레'라는 뜻의 '비차'라는 것을 만들었다고 해요. 왜군에게 포위된 진주성에 비차를 타고 날아 들어가 몇몇 주민을 태우고 피난시켰다고 하니 정말 대단하지요? 이것이 사실이라면 서양보다 약 300년이나 앞선 것이랍니다.

하지만 정확한 설계도나 원리를 기록한 것이 남아 있지 않아서 공식적으로 인정받지는 못하고 있어요.

무서워.

위에서 보니 다 보이네.

저기 저것이 뭐지?

서양의 비행 발명가, 라이트 형제

보부상은 무슨 일을 주로 했나요?

'보부상'은 물건을 보자기에 싸서 메고 다니며 파는 봇짐장수인 '보상'과 물건을 등에 지고 다니며 파는 등짐장수인 '부상'을 합한 말이에요.

▲ 신분증의 역할을 한 보부상 신표

이렇게 보따리를 들거나 지게에 지고 다니는 보부상들은 필요한 물건을 쉽게 구할 수 없었던 옛날 사람들에게 무척 반가운 존재였어요. 며칠에 한 번씩 서는 먼 장터까지 힘들게 나가지 않아도 필요한 물건을 구할 수 있었으니까요.

▲ 지역별 거리를 정리한 보부상 정리표

전국 방방곡곡을 돌아다니며 조직적으로 움직였던 보부상들은 빠른 교통수단과 통신수단이 없던 시대에 큰 도움이 되었어요. 평소에는 열심히 장사를 하다가 전쟁이 일어나면 빠른 발을 이용해 군사들에게 양식과 무기를 전달해 주기도 하고, 여러 가지 소식을 전해 주기도 했지요. 보부상은 신라 시대 때부터 있었지만 가장 활발히 활동했던 시기는 조선 시대였어요.

41 고추는 언제 우리나라에 처음 들어왔나요?

원래 고추의 원산지는 남아메리카예요. 임진왜란을 전후로 일본을 통해 우리나라에 처음 들어왔지요. 그러므로 김치에 고춧가루를 넣기 시작한 것은 조선 시대 중기부터랍니다. 그 이전의 김치는 지금처럼 붉은색이 아니라 여러 가지 채소를 소금 등으로 절인 장아찌에 가까웠어요. 고추를 사용하면서부터 김치 담그는 방법도 더 다양해졌고, 전통적인 장 만드는 방법과 결합해서 맛있는 고추장도 생겨났지요.

고추는 원래 우리나라 음식은 아니지만 우리의 전통적인 방법과 만나 이제는 우리나라 음식에 없어서는 안될 존재가 되었어요. 영양 많고 맛 좋은 우리나라 음식을 떠올릴 때 함께 떠오르는 대표적인 식재료 가운데 하나가 바로 고추랍니다.

광해군은 어떤 외교 정책으로 칭찬받았나요?

광해군은 선조의 둘째 아들이에요. 임진왜란 중에 세자가 되었지요. 연산군과 더불어 ※폭군으로 알려졌지만 외교 솜씨는 뛰어났답니다. 광해군 때 만주에 세워진 후금이라는 나라는 자주 명나라를 위협했어요. 임진왜란 때 조선을 도와주었던 명나라는 이번에는 자기들을 도와 달라고 했지요. 광해군은 명나라를 도와주지 않을 수도 없었지만 새롭게 일어난 강한 나라인 후금과도 싸우고 싶지 않았어요. 광해군은 곰곰이 생각한 끝에 명나라로 군사를 보내면서 책임자에게 "강한 편을 따르라."라고 말했어요. 그래서 조선의 군대는 명나라를 도와 싸우는 척하다가 강한 후금의 군대에게 항복했지요. 이러한 이중 외교 정책으로 조선은 두 나라 어느 쪽에도 미움을 사지 않을 수 있었답니다.

※**폭군** 사납고 악한 임금.

43 허준의 《동의보감》은 왜 유명한가요?

우리나라 사람에겐 우리 약재가 딱이지.

옛날 우리나라의 의원들은 대부분 중국의 의학 책으로 공부했어요. 그러다 보니 당연히 병과 약재 등이 중국 사람들의 체질에 맞춰져 있어서 우리나라 사람들에게는 잘 맞지 않았지요. 하지만 허준은 우리나라에서 나는 약재가 구하기도 쉽고, 우리 체질에도 더 잘 맞는다고 생각했어요. 그래서 우리 실정에 맞고 실질적으로 도움이 되는 의학 책을 쓰기 시작했지요.

1610년 광해군 때 마침내 완성된《동의보감》은 내과에 관한 내경 편 4권, 외과에 관한 외형 편 4권, 유행성병·급성병·부인과·소아과 등을 합한 잡병 편 11권, 약제학·약물학에 관한 탕액 편 3권, 침구 편 1권, 여기에 목차를 적어 놓은 책 2권까지 모두 25권으로 되어 있어요. 이렇게 많은 양을 연구해서 쓴 만큼 꼬박 14년이란 기간이 걸렸답니다.

허준은 누구나 쉽게 읽고 도움을 받을 수 있도록 수백 종의 어

려운 약재 이름에 한글을 덧붙였어요. 뿐만
아니라 그 이전까지 책에 나온 약의 용량이
우리나라 사람의 체질에 잘 맞지 않다는 것
을 알고, 오랜 시간 동안 환자들을 치료하
며 얻은 경험을 살려 알맞은 용량을 연구해
서 기록했어요. 또 증상과 치료 등을 정리할
때에는 그 내용이 어느 책에서 나온 것인지

▲《동의보감》

일일이 밝혀 사람들이 공부하기 쉽도록 했어요.

이처럼 《동의보감》은 중국과 우리나라 의학 책을 모아 엮고, 그
위에 자신의 치료 경험까지 더한 우수한 의학 책이에요. 사람들에
게 실질적으로 도움이 되는 의학 책을 쓰고자 했던 허준의 노력이
담긴 《동의보감》은 지금도 그 가치를 인정받고 있답니다. 유네스
코에서는 시대정신과 독창성, 세계사적 중요성 등의 가치를 인정
해 《동의보감》을 세계 기록 유산으로 등재했어요. 우리나라에서
세계 기록 유산으로 등재된 것 가운데에서는 7번째이고, 의학 책
가운데에서는 처음으로 등재되었답니다.

마지막
25권이다.

44 우리나라에서는 언제부터 담배를 피웠나요?

담배는 원래 남아메리카의 원주민들이 피우던 것이었어요. 조선 시대에 바다를 건너 우리나라에까지 들어오게 되었지요.

담배가 처음 들어오자 남녀노소 할 것 없이 누구나 담배를 피웠어요. 처음 보는 것이라 신기했고, 또 몸에 해로운지 몰랐기 때문이에요. 신하가 임금 앞에서 담배를 피우기도 했고 궁녀들도 담배를 피웠다고 하니 담배는 그야말로 대인기였지요.

그런데 어느 날, 신하가 담배 피우는 것을 보던 광해군이 연기가 매우니 앞으로는 자신 앞에서 담배를 피우지 말라고 말했어요. 그 뒤부터 지위가 높거나 나이가 많은 사람 앞에서는 담배를 피우

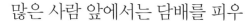

지 못하도록 했어요. 그리고 점차 아이와 여자도 담배를 피우지 못하도록 했지요.

담배는 조선 시대에는 이렇게 인기가 많았지만, 오늘날에는 여러 가지로 해로운 점이 많다는 사실이 밝혀져 누구든 되도록이면 담배를 피우지 않도록 권장하고 있답니다.

담배 맛 좋다!

너도 나도

45 우리나라에서 아라비아 숫자가 쓰인 것은 언제부터인가요?

옛날 우리나라에는 다양한 학문이 발달했지만 수학만큼은 별다른 발전이 없었어요. 윤리와 도덕 같은 학문을 더 중요시했기 때문이에요. 유학의 여섯 학과를 살펴보면 예(禮)로 시작해서 마지막이 수(數), 즉 수학으로 끝나요. 이처럼 옛날 사람들은 수학을 다른 학문에 비해 중요하게 여기지 않았어요.

우리나라에 유럽에서 쓰이는 수학이 들어온 것은 조선 시대 말기였어요. 아라비아 숫자도 이때 처음 사용되었답니다. 이전에는 중국과 같은 방식으로 *산가지라는 나뭇개비를 이용해 숫자를 나타내고 계산했어요.

아라비아 숫자가 생겨나기 이전에는 각 지역이나 나라마다 사용하는 숫자와 계산법이 달랐어요. 아주

눈사람같이 생겼구언.

참 요상하게 생겼네.

막대기? 동그라미?

66

오랜 옛날 사람들은 벽이나 땅바닥, 판자 등에 수만큼 줄을 그어 숫자를 대신했어요. 그러다가 십진법과 같은 방식이 생겨나면서부터 비로소 제대로 된 숫자들이 생겨나기 시작했어요. 십진법은 지금 우리가 쓰고 있는 방식으로, 10을 기준으로 단위가 올라가는 것을 말해요. 1이 10이면 10, 10이 10이면 100 하는 식으로 말이에요.

하지만 그런 숫자와 계산법으로는 아주 큰 수들을 표시하거나 계산하기가 번거로웠지요. 그래서 당시 발전했던 숫자와 계산법의 장점을 합쳐 만든 것이 아라비아 숫자예요.

그렇다면 아라비아 숫자는 맨 처음 누가 만들었을까요? 아라비아 숫자이니 아라비아 사람 아니냐고요?

아니에요. 아라비아 숫자는 인도에서 만들어져 아라비아로 전해졌어요. 그리고 다시 유럽으로, 또 세계로 전해져 지금처럼 널리 사용되게 되었지요. 그래서 사람들은 '인도 숫자', '아라비아 숫자', '인도-아라비아 숫자'라고 불렀어요. 그리고 계산을 하기에 적합한 숫자라고 해서 '산용 숫자'라고도 불렀답니다.

※**산가지** 예전에 개수를 셈하는 데에 쓰던 막대기. 대나무나 뼈 같은 것을 젓가락처럼 만들어 가로세로로 벌여 놓고 셈을 했다.

46 우리나라에 처음으로 온 네덜란드 사람은 누구인가요?

네덜란드 사람 벨테브레는 1627년 배를 타고 일본으로 가던 도중 태풍에 휘말려 제주도에 도착하게 되었어요. 우리나라 사람들에게 붙잡힌 벨테브레는 그 뒤로 오랫동안 우리나라에서 살게 되었지요. 그는 화약과 총포를 잘 만들어 훈련도감에서 일을 했어요.

벨테브레는 오랫동안 조선에 살면서 '박연'이라는 이름도 얻고 아예 조선 사람으로 *귀화했어요. 조선 여인과 결혼해서 아이도 낳았지요. 당시 우리나라는 서양에 거의 알려지지 않았고, 서양 사람이 귀화해 우리나라에서 산 것도 벨테브레가 처음이었어요.

그런데 우리에게 더 잘 알려진 사람은 같은 네덜란드 사람인 하멜이에요. 하멜은 벨테브레보다 더 뒤인 1653년에 우리나라에 왔어요. 벨테브레와 마찬가지로 일본으로 가던 길에 폭풍우를 만나 제주도로 떠밀려 왔지요. 하멜도 벨테브레처럼 붙잡혀 제주도에서 살게 되었어요. 하지만 하멜은 14년 뒤에 동료들과 함께 탈출해 결국 네덜란드로 돌아갔어요.

하멜은 돌아가서 우리나라에서 얻은 경험을 바탕으로 책을 써냈어요. 바로 《난선 제주도 난파기》와 부록인 《조선국기》예요. 이 두

권을 합한 것이 우리에게 잘 알려져 있는 《하멜 표류기》라는 책이
지요. 이 책을 통해 유럽 사람들은 조선이라는 나라가 존재한다는
것을 알게 되었어요.

　또 이 책은 당시의 지리·풍토·문화·정치 등을 담고 있어서 당
시 조선의 생활을 기록한 귀중한 자료로 평가받고 있답니다.

귀화 태어난 나라가 아닌 다른 나라의 국민이 되는 일.

'대동법'이란 무엇인가요?

대동법은 조선 시대의 세금 제도로, 여러 가지 *공물을 쌀로 통일해서 바치게 한 제도예요. 백성들의 불편을 덜어 주기 위해 생겨났지요. 조선 시대 사람들도 지금처럼 나라에 세금을 냈어요. 그 가운데에는 각 지방의 특산물을 세금으로 내는 공물 제도가 있었어요. 그런데 특산물마다 값어치도 다르고 서울로 옮겨 오는 것도 매우 불편했어요. 음식 같은 것은 잘 상하기도 했고요.

그래서 일찍이 조광조와 이이 같은 사람들은 공평하고 편리하게 모든 공물을 쌀로 내자는 의견을 냈어요. 당시에는 이 의견이 받아들여지지 않았지만, 시간이 흐르면서 조금씩 받아들여져 나중에 대동법은 전국적으로 실시되었어요.

※**공물** 중앙 관청과 궁궐의 수요를 채우기 위해 각 지방에 부과해서 올리게 한 특산물.

48 '삼전도의 굴욕'이란 무슨 사건인가요?

중국에서 나날이 힘을 키워 가던 청나라는 조선 인조 때 우리나라에 명나라와 관계를 끊고 자기네 나라를 받들 것을 요구했어요. 뿐만 아니라 조선 왕과 관리들의 자손을 ※인질로 보낼 것을 요구했지요. 조선에서는 당연히 이 요구를 받아들이지 않았어요.

그러자 청나라는 1636년 12월에 군사 12만 명을 이끌고 조선으로 쳐들어왔어요. 조선에는 청나라에 대항할 힘이 없었지요. 몇 년에 걸친 전투와 ※화친 끝에 인조와 관리들은 남한산성에 고립되었어요. 결국 인조는 청나라의 요구대로 성문을 열고 지금의 송파인 삼전도로 나갔어요. 그곳에서 높이 앉아 있는 청나라의 태종에게 무릎을 꿇고 절하며 항복했지요.

이 장면을 보고 눈물을 흘리지 않는 조선 사람이 없었다고 해요. 이 전쟁을 병자년인 1636년에 일어난 전쟁이라고 해서 '병자호란'이라고 하지요.

> 어험!

※**인질** 예전에 나라 사이에 약속을 지키지 않을 것을 대비해서 상대 나라에 붙잡아 두던 왕자나 그 밖의 중요한 사람.
※**화친** 나라와 나라 사이에 다툼 없이 가까이 지냄.

> 아, 창피해. 이런 굴욕을 당하다니….

49 나라에서 돈을 받고 관직을 팔기도 했다고요?

숙종 때에는 흉년이 자주 들어 굶어 죽는 사람들이 많았어요. 나라에서는 대책을 고민하다가 부유층에게 공명첩을 팔아 그 돈으로 쌀을 사서 사람들에게 주기로 했지요. 공명첩

▲ 공명첩(국립중앙박물관)

은 관직이 적혀 있는 문서로, 성명이 적혀 있지 않은 백지 임명장을 말해요. 나라에서 돈을 받고 공명첩을 팔자 사람들은 너도나도 공명첩을 사서 양반이 되었어요. 양반이 되면 벼슬도 할 수 있고, 군사로 전쟁터에 끌려가지 않아도 되었으니까요. 그러나 공명첩의 관직은 명목상의 것일 뿐 실제로 관직에 오를 수는 없었지요.

이렇게 공명첩을 판 돈은 잠깐 동안은 나라 살림에 도움이 되었어요. 하지만 결과적으로 세금을 내는 평민의 수가 줄어 나라 살림은 갈수록 어려워졌고, 신분 제도도 혼란스러워졌답니다.

50 '탕평책'이란 무엇인가요?

탕평책은 *당파를 가리지 않고 능력에 따라 인재를 뽑아 쓰기 위한 정책이에요. 능력에 따라 인재를 뽑는 것은 당연한 일이지요? 하지만 조선 시대에는 그렇지 않은 경우가 많았어요.

영조가 왕위에 올랐을 때에도 신하들은 *노론과 소론으로 나뉘어 세력 다툼을 하느라고 나랏일은 늘 뒷전이었답니

▲ 영조가 탕평책의 결심과 의지를 밝힌 탕평비

다. 그래서 영조는 탕평책을 시행하고 당파 싸움을 하는 신하들은 무조건 내쫓았어요. 영조와 뒤를 이은 정조의 노력으로 당파 싸움은 차츰 수그러들었답니다.

*당파 조선 시대에 정치 세력 단체였던 붕당 안에서 정치적 입장에 따라 다시 나뉜 집단.
*노론과 소론 조선 후기의 당파로 강경한 쪽을 노론, 온화한 쪽을 소론이라고 했다.

51 뒤주 속에 갇혀 죽은 세자는 누구인가요?

　'사도 세자'라는 이름을 들어 보았나요? 뒤주 속에 갇혀 죽은 불행한 사도 세자의 이야기는 조선 역사에서 유명하지요. 뒤주는 곡식을 담아 두는 궤랍니다.

　그런데 사도 세자는 이 세자의 원래 이름이 아니에요. 영조의 첫째 아들이었던 효장 세자가 일찍 죽자 이복동생이었던 이선이 태어난 지 1년 만에 세자가 되었어요. 이 세자가 바로 훗날 사도 세자로 불리게 된 장헌 세자예요.

　영조는 성격이 차갑고 냉정해서 한번 결심한 일은 끝까지 밀고 나갔어요. 한편 세자는 영특해서 이치에 맞지 않는다고 생각되면 왕 앞에서도 꼬치꼬치 캐묻기 일쑤였어요. 영조는 점차 그런 세자를 미워하게 되었지요.

　아버지가 자신을 미워하자 세자 또한 성격이 비뚤어지게 되었어요. 몰래 궁궐 밖으로 나가 술과 여자를 가까이하고 궁녀나 내시를 함부로 죽였지요. 그러자 노론 일파는 세자를 모함하기 위해 세자의 잘못을 열 가지나 적어 왕에게 올렸어요. 세자 자리에서 내쫓아 자신들의 이득을 얻기 위해서였지요.

이 일로 영조는 크게 화가 나서 세자의 잘못을 고한 사람을 죽이고, 세자에게도 스스로 목숨을 끊을 것을 명령했어요. 그러나 세자가 이를 따르지 않자 세자 자리에서 물러나게 하고, 뒤주에 가두어 버렸어요. 결국 세자는 8일 만에 그 안에서 죽고 말았어요.

영조는 세자가 죽은 뒤 크게 뉘우쳐 '사도'라는 *시호를 내렸어요. '사도 세자'란 이름은 '죽은 세자를 생각하며 슬퍼한다'라는 뜻이에요. 세자의 아내였던 혜경궁 홍씨가 쓴 회고록에도 이 사건에 대한 이야기가 나온답니다.

※**시호** 왕이나 높은 벼슬아치 등이 죽은 뒤 쌓은 덕을 기리기 위해 붙인 이름.

52 지동설을 주장한 조선 시대의 학자는 누구인가요?

동양이든 서양이든 옛날 사람들은 당연히 지구가 우주의 중심이고 해와 별들이 지구를 중심으로 돈다고 생각했어요. 이런 생각을 천동설이라고 해요.

서양에서 이런 생각을 뒤엎고 "지구가 태양의 주위를 돈다."라고 처음으로 말한 사람은 폴란드의 천문학자인 코페르니쿠스예요. 이런 생각을 지동설이라고 해요. 그런데 서양의 과학 기술이 들어오기 전에 우리나라에도 이러한 주장을 한 사람이 있었어요. 바로 영·정조 때의 실학자 홍대용이에요.

지구는 움직인다. 누가 뭐래도….

나는
태양.

   홍대용은 서양 과학과 외국의 새로운 학문
에 큰 관심을 가지고 연구를 했어요. 박지원
의《열하일기》중〈곡정필담〉에서 홍대용은 지
구가 둥글고 스스로 돈다고 이야기했어요. 그러니
지구의 어느 한 곳이 중심일 수 없으므로 중국이 세계의
중심이 아니며 우리나라도 중심일 수 있다고 했지요.
   또 우주는 무한하며 지구 밖에 '우주인'과 같은 존재가 있을 것
이라고 생각했어요. 당시로써는 참으로 놀라운 발견과 생각이었
다고 할 수 있지요.

53 조선 시대의 풍속을 그린 화가에는 누가 있나요?

▲ 김홍도의 '점심' (국립중앙박물관)

▲ 신윤복의 '연당의 여인' (국립중앙박물관)

조선 시대의 그림은 주로 인물화나 산수화 등이었어요. 지금처럼 생활이나 자연을 사실적으로 그려낸 그림은 드물었지요.

하지만 조선 시대 후기의 화가 김홍도는 달랐어요. 김홍도는 여러 종류의 그림을 모두 잘 그렸지만, 그 가운데에서도 우리나라의 아름다운 자연을 그린 산수화와 서민들의 생활을 익살스럽게 표현한 풍속화를 잘 그리기로 유명했어요.

이러한 김홍도의 풍속화는 신윤복과 같은 화가에게 영향을 주었어요. 신윤복은 무당이나 기생을 많이 그렸지요. 김홍도와 신윤복의 그림을 보면 씨름, 서당, 주막집 풍경 등 조선 시대 사람들의 생활을 생생하게 엿볼 수 있답니다.

54 조선 시대에도 국립 도서관이 있었나요?

　조선 시대에는 궁궐 안에 여러 책들을 보관하고 관리하는 곳이 있었어요. 이곳에서는 책을 만드는 일을 하기도 했지요. 바로 지금의 국립 도서관과 비슷한 규장각이에요.

　규장각은 정조가 자신이 왕위에 오른 첫 해인 1776년에 만들었어요. 정조는 어려서부터 책을 많이 읽고 모았어요. 학문을 좋아해서 늘 책을 옆에 두고 공부를 했지요. 세상의 문제들을 풀 수 있는 답은 모두 책 속에 있다고 생각했기 때문이에요. 그래서 왕이 된 뒤 궁궐 안에 규장각을 만들어 책을 보관하고 공부할 수 있도록 한 것이랍니다.

▲ 창덕궁 안에 있는 규장각

55 대동여지도를 만든 김정호는 어떤 대접을 받았나요?

예전의 지도는 지금처럼 자세하지 못했어요. 어린 시절 지도를 본 김정호는 지도가 실제 마을의 모습과 다른 것에 실망했어요. 그 뒤로 조선 최고의 지도를 만들겠다는 꿈을 키우게 되었지요. 김정호는 결혼을 하고 나서도 지도를 만들기 위해 혼자 길을 떠났어요.

김정호는 기존에 있던 지도와 지도서를 연구해서 '청구도'라는 지도를 만들었어요. '청구도'는 조선 팔도를 세로 22판, 가로 29층으로 나누어 그린 지도인데, 실제 크기에 비례해서 만들었기 때문에 과학적이고 정확도가 매우 높아요.

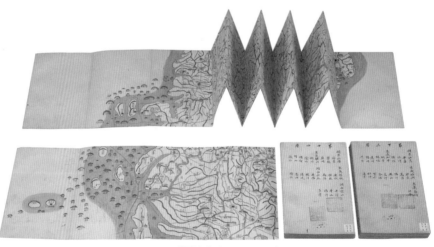

▲ 대동여지도(국립중앙박물관)

여기에 만족하지 않은 김정호는 조금 더 정확한 지도를 만들기 위해 노력했어요. 30여 년 동안 공을 들여 완성한 '대동여지도'는 그 노력의 결과라고 할 수 있지요.

'대동여지도'는 22개의 첩으로 만들어진 지도인데, 이 첩을 접으면 하나의 책이 되고 전부 펼쳐 놓으면 한반도 지도가 되지요. 몇몇 군데를 제외하면 오늘날의 지도와 거의 비슷할 만큼 아주 정확한 지도랍니다.

'대동여지도'가 나무에 새긴 목판본인 점도 특이한 점이에요. 지도를 나무에 새긴 것은 지도를 손으로 베낄 때 생길 수 있는 오류를 줄여서 사람들이 편하게 사용할 수 있도록 하기 위해서였어요.

이처럼 김정호가 지도를 열심히 만든 것은 나라에 난리가 나거나 외적이 침입했을 때 도움이 되고, 평상시에 나라를 다스리고 지방의 풍속을 살피는 데 도움이 되게 하기 위함이었답니다.

요기는 토끼 꼬리처럼 생겼네….

요기가 어디냐?

85

56 우리나라에서는 언제부터 안경을 썼나요?

조선 중기 인조 때의 기록을 보면 경주 남석안경에 대한 이야기가 나와요. 남석안경은 수정으로 알을 만든 안경인데 렌즈에 겹친 물살 무늬와 구름 형태의 문양 등이 있으며, 유리에 비해 잘 깨지지도 않고, 온도가 바뀌어도 잘 변화하지 않아 눈의 피로를 풀어 주는 역할을 했답니다.

당시 사람들은 이것을 '동경(경주의 다른 이름) 수정안경'이라고도 불렀어요. 우리 고유의 안경인 수정안경은 그 이전부터 만들어졌다고 볼 수 있지요. 서양식 안경이 들어온 것은 더 나중 일이에요.

하지만 안경이 있었다고는 해도 안경을 쓴 사람은 많지 않았어요. 조선에서 안경이 널리 보급된 것은 조선 후기 순조 때였어요. 당시에는 여러 가지 안경을 파는 가게도 있었다고 해요. 남석안경은 이때에도 인기였답니다.

남석안경은 아주 비쌌어요. 1889년부터 1891년까지 한국에 와 있던 한 선교사가 쓴 책을 보면, 이 안경을 하나 사려면 생활필수품을 팔아야 할 정도로 비쌌는데 이 안경을 써야 멋쟁이라는 소리를 들을 수 있었다고 해요. 일제 강점기에 신식 안경이 많이 들어오면서 남석안경은 줄어들었다가 지금은 거의 맥이 끊겼어요.

안경이 널리 보급되면서 구한말의 외교 사절들이 안경을 쓰고 다니자 일반 국민들도 안경을 쓰기 시작했어요. 심지어는 궁녀들까지도 쓰고 다녔지요. 안경을 쓴 왕과 궁녀들의 모습을 상상해 보면 정말 어색하지요?

57 정약용이 《목민심서》를 쓴 곳은 어디인가요?

　다산 정약용은 조선 후기의 뛰어난 ※실학자예요. 역사, 지리, 과학 등 다양한 분야에 학문이 깊고 글솜씨도 뛰어났지요. 하지만 당시 나라에서 금지한 천주교를 믿었던 탓에 정약용은 벼슬에서 쫓겨나 결국 귀양살이를 하게 되었어요. 정약용은 귀양 간 강진에서 18년 동안 학문을 연구하고, 책 쓰는 일에 힘을 쏟았어요.

　또 여러 제도와 법을 개혁하는 데에도 힘써 농민들에게 땅을 골고루 나누어 주고, 노비 제도를 없앨 것을 주장했어요. 관리가 백성을 올바르게 다스리는 방법을 담은 《목민심서》도 이때 썼지요. 이 밖에도 경제 개혁과 부국강병을 논한 《경세유표》, 형벌 일을 맡은 벼슬아치들의 유의점을 적은 《흠흠신서》 등 많은 책을 남겼어요.

※**실학자** 조선 중기에 등장해서 현실 문제에 관심을 가지고 개혁해야 한다고 주장한 학자.

▲《목민심서》(국립중앙박물관)

알았어유.
곧 내려가유.

 58 농부였다가 갑자기 왕이 된 사람이 있다고요?

8세에 왕위에 올랐던 조선의 24대 왕 헌종은 왕위를 이을 자손을 남기지 못한 채 1849년 16세의 어린 나이로 세상을 떠났어요.

사람들은 왕위를 이을 사람을 찾았어요. 그러던 중, 왕의 후손인 은언군의 손자 원범이 강화도에서 농사를 지으며 살고 있다는 것을 알게 되었어요. 농사꾼이던 강화 도령 원범은 19세의 나이에 갑자기 왕이 되었어요. 이 왕이 바로 철종이에요.

하지만 글조차 모르는 철종은 왕 노릇을 제대로 할 수 없었어요. 당시 권력을 쥐고 있던 안동 김씨들에게 나랏일을 떠맡긴 채 궁녀들의 치마폭에 싸여 지냈지요. 그리고 결국 33세의 젊은 나이로 세상을 떠나고 말았답니다.

누가 왕을 찾아 왔다!

왕이름을
함부로
부르다니.

동네
아줌마

59 조선 시대에는 성이 몇 개나 있었나요?

조선 시대에는 약 250여 개의 성(姓)이 있었다고 해요. 지금은 성이 없는 사람이 없지요. 하지만 옛날에는 성이 없는 사람이 많았답니다.

《삼국사기》나 《삼국유사》에 따르면 고구려를 세운 주몽은 나라 이름을 따서 성을 '고 씨'라고 하고, 몇몇 신하들에게 '극 씨', '중실 씨'와 같은 성을 내렸다고 해요.

또 백제에는 온조가 부여에서 나왔다고 해서 '부여 씨'가 있었어요. 신라에는 '박, 석, 김' 3성씨의 전설이 있고, 가야국의 시조 수로왕은 황금 알에서 태어났다고 해서 '김 씨'라고 했답니다.

이 이야기들을 보면 고대 부족 사회 때부터 성을 사용한 것 같지요. 하지만 실제로는 그렇지 않았다고 해요. 정확히 알 수는 없지

자넨 '성'이 먼가?

저는 성 밖 산속에서 사는데요.

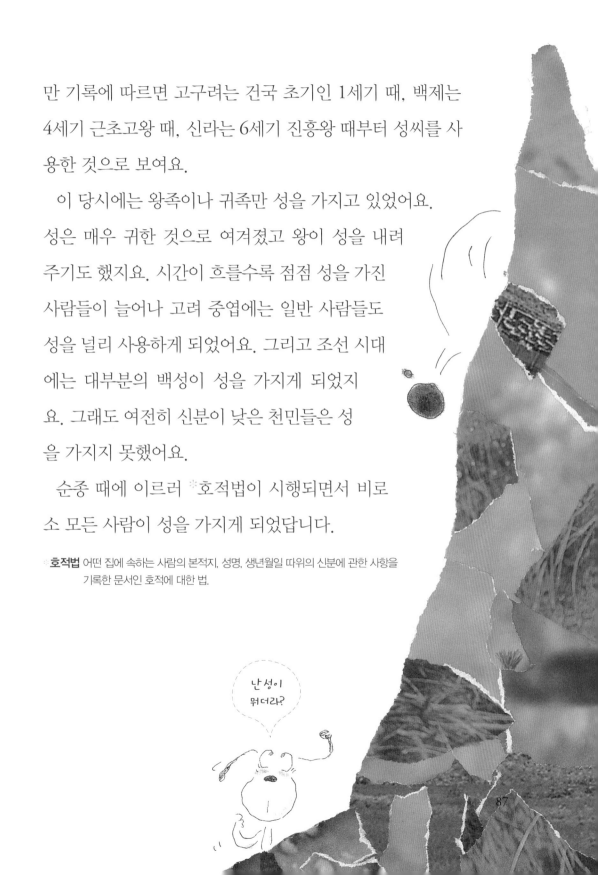

만 기록에 따르면 고구려는 건국 초기인 1세기 때, 백제는 4세기 근초고왕 때, 신라는 6세기 진흥왕 때부터 성씨를 사용한 것으로 보여요.

이 당시에는 왕족이나 귀족만 성을 가지고 있었어요. 성은 매우 귀한 것으로 여겨졌고 왕이 성을 내려 주기도 했지요. 시간이 흐를수록 점점 성을 가진 사람들이 늘어나 고려 중엽에는 일반 사람들도 성을 널리 사용하게 되었어요. 그리고 조선 시대 에는 대부분의 백성이 성을 가지게 되었지 요. 그래도 여전히 신분이 낮은 천민들은 성 을 가지지 못했어요.

순종 때에 이르러 *호적법이 시행되면서 비로 소 모든 사람이 성을 가지게 되었답니다.

호적법 어떤 집에 속하는 사람의 본적지, 성명, 생년월일 따위의 신분에 관한 사항을 기록한 문서인 호적에 대한 법.

난 성이
뭐더라?

60 조선 시대 사람들도 이혼을 했나요?

　조선 시대에는 원래 이혼을 할 수 없었지만 '칠거지악'이라고 하는 다음의 일곱 가지 경우에는 이혼을 할 수 있었어요.

　질투를 할 경우, 자식이 없을 경우, 시부모에게 공손하지 않을 경우, 바람을 피울 경우, 나쁜 질병이 있을 경우, 말이 지나치게 많을 경우, 물건을 훔칠 경우가 바로 그것이지요.

　그런데 이것은 모두 여자에게만 해당되는 것이었어요. 따라서 남편이 부인을 쫓아낼 수는 있어도 부인이 남편에게 이혼하자고 할 수는 없었답니다.

　또 이 일곱 가지 조건도 애매모호해서 억울하게 쫓겨나는 여성들도 많았지요. 그래서 양반은 왕의 허락이 있어야만 이혼할 수 있었어요. 이를 지키지 않

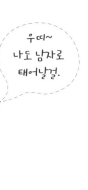

남편은 하늘….

우띠~ 나도 남자로 태어날걸.

88

고 마음대로 이혼할 경우
에는 처벌을 받았지요.

또 유교에서는 '삼불거'라고 해
서 다음의 세 가지 경우에는 '칠거지
악'에 속하더라도 부인을 버릴 수 없도
록 했어요. 부모가 돌아가신 뒤 ※삼년상을 함
께 치렀을 경우, 가난할 때 결혼해서 집안을 일으
킨 경우, 부인이 돌아갈 곳이 없는 경우가 그 세 가지
경우랍니다.

※**삼년상** 부모가 돌아가신 상을 당해 삼 년 동안 상을 지내는 상태로 있는 것.

흑흑…,
밥 한 끼
더 먹었다고
쫓아내다니.
너무해.

여보,
다신 안 그럴게.
돌아와요.

61 조선 시대 사람들도 군대에 갔나요?

조선 시대에도 지금의 군대와 같은 '군역'이라는 것이 있었어요. 16세 이상에서 60세까지의 양인 남자들은 일정 기간 동안 군역의 의무를 져야 했어요. 양반과 천민은 제외였지요.

군역은 직접 치르는 것과 베 1필을 주고 다른 사람에게 대신 시키는 것으로 나뉘었어요. 이때 내는 베를 군포라고 해요. 대부분의 일반 백성은 군대에 가 있는 동안 농사일이나 장사를 할 수 없어서 가족들의 생계를 꾸리기가 어려웠지요.

그런데 임진왜란이 끝난 뒤 점차 전쟁의 위험이 줄어들자 군대 일 대신 나라의 힘든 공사에 동원하는 등 다른 일을 시키게 되었어요. 이렇게 되자 베로 다른 사람을 사서 대신 일을 시키거나 베를 많이 내고 군역을 면제받는 사람들이 생겨났지요.

한편 군역을 지지 않던 천민들도 임진왜란 뒤부터는 군역을 져야 했고, 결국 조선 시대 후기에는 군역 대신 베를 내도록 법이 바뀌었어요. 남자 한 사람당 1년에 2필씩 내야 했는데, 걷힌 양이 부족하면 어린아이나 죽은 사람까지 계산해서 걷는 등 횡포가 심했어요. 그러자 베를 낼 수 없어 도망 다니는 사람들이 점차 늘어났지요. 군역에 대한 불만이 쌓여 농민 반란이 일어나기도 했답니다.

군포는 영조가 군포의 부담을 줄이기 위해 만든 균역법을 실시하면서 한 사람당 1필로 줄었고, 흥선 대원군은 양반들도 군역을 지도록 했어요.

62 흥선 대원군은
누구인가요?

강화도에서 농사를 짓다가 왕위에 올랐던 조선의 26대 왕 철종은 왕위를 물려줄 후손도 없이 병이 들었어요. 그러자 정치권에서 밀려나 모자란 사람 행세를 하며 기회를 엿보던 흥선군이 이때다 싶어 적극적인 계획을 세웠어요. 영조의 5대손인 흥선군은 대비에게 자신의 둘째 아들이 철종의 뒤를 잇도록 허락을 받아냈지요. 그 아들이 바로 고종이에요. 하지만 고종이 너무 어려 나라를 다스릴 수 없자 흥선 대원군이 대신 정치를 했어요.

흥선 대원군은 처음에는 훌륭한 업적을 많이 남겼어요. 부패한 관리들을 쫓아내고 신분에 상관없이 공평하게 세금을 내도록 했지요. 하지만 경복궁을 새로 지으면서 백성들에게 지나치게 많은 세금을 걷었고, 천주교 신자들을 무자비하게 죽였어요. 또 나라의 문을 꼭꼭 닫고 세계의 변화에 무관심했지요. 그래서 서양의 발달된 문화를 받아들이지 않고 그들의 침입을 막아 내지 못해 많은 백성이 고통을 받아야 했어요.

63 흥선 대원군은 왜 외국 사람들을 싫어했나요?

코 큰 사람은 다싫어!

어린 왕 고종을 대신해 권력을 쥔 흥선 대원군은 곳곳에 척화비를 세웠어요. 척화비란 서양 사람들을 배척하기 위해 세운 비석이에요. 조선 시대 말에는 여러 나라의 배가 찾아와서 교역을 하자며 조선의 문을 두드렸지요. 하지만 흥선 대원군은 서양 사람들은 오랑캐이며 그들이 쳐들어오면 우리나라는 망하게 될 거라고 생각했어요.

이를 막는 가장 좋은 방법은 우리나라에 들어올 틈을 주지 않는 것이라고 생각했지요. 이런 자신의 생각을 백성들에게 알리기 위해 전국에 척화비를 세운 거예요. 척화비에는 "서양 오랑캐가 쳐들어오는데 싸우지 않는 것은 친하게 지내는 것이며, 친하게 지내는 것은 나라를 파는 것이다."라고 쓰여 있었어요. 척화비는 흥선 대원군이 청나라에 납치된 뒤에 땅속에 묻히거나 뽑혀 버렸어요.

▲ 경상북도 장기에 남아 있는 척화비

64 프랑스 사람들이 우리나라에 쳐들어온 사건은 무엇인가요?

서양 문물을 싫어한 흥선 대원군은 1866년에 몇 개월에 걸쳐 프랑스 선교사 9명과 우리나라 천주교 신자 8,000여 명을 모두 죽여 버렸어요. 그해 5월 가까스로 조선을 탈출한 리델 신부는 중국에 있던 프랑스 인도차이나 함대 사령관 로즈 제독에게 이 사실을 알렸어요. 로즈 제독은 이것을 핑계로 군함 3척을 거느리고 강화도에 쳐들어와 무기, 서적, 양식과 많은 문화재를 빼앗아 갔어요. 문화재 중 일부는 2011년에 대여형식으로 우리나라에 돌아왔어요.

'병인양요'라고 부르는 이 사건은 흥선 대원군이 나라의 문을 더 꼭꼭 닫게 하는 계기가 되었어요. 반면에 서양 나라들은 이 사건으로 그동안 잘 알려지지 않았던 조선이라는 나라가 청나라에 속한 것이 아니라 독립 국가라는 것을 알게 되었답니다.

65 조선에 불리한 강화도 조약은 어떻게 맺어졌나요?

억지.

우리 일본 사람이 노 아무 잘못도 없는데 조선에서 먼저 총 쐈스므니다.

1875년 일본 군함 운요호가 허락도 받지 않고 강화도 남쪽 초지진에 들어왔어요. 외국 배가 다가오니 당연히 우리 병사들은 다가오지 말라고 경고를 했지요. 허락도 없이 배가 계속해서 다가오자 병사들은 경고하기 위해 대포를 쏘았어요.

그러자 운요호에서도 대포를 쏘면서 싸움이 벌어지게 되었어요. 일본 군은 우리 땅에 올라와 사람을 죽이고 먹을 것을 빼앗아 갔어요. 그러면서도 국기를 달고 온 다른 나라 배에 먼저 대포를 쏘았으니 조선의 잘못이라고 억지를 쓰며 책임을 지라고 했답니다.

이 사건을 핑계로 1876년 일본은 조선에게 억지로 '강화도 조약'을 맺게 했어요. 조약이란 '서로 돕기로 하는 약속'이란 뜻이지만 사실 그 내용은 일본에게만 유리하게 되어 있었지요. 이 조약 때문에 우리나라는 일본의 정치, 경제, 군사적인 침투를 일부 허락할 수밖에 없었어요.

힘을 길러야해. 힘!

66 태극기는 언제 처음 만들어졌나요?

▲ 국내에서 가장 오래된 태극기인 데니 태극기
(국립중앙박물관)

빨간색은 양,
파란색은 음을
나타내지요.

조선 시대에는 우리나라를 대표하는 국기가 없었어요. 필요성을 느끼지 못했기 때문이지요.

하지만 ※구한말에 점차 여러 나라와 교류하게 되면서 필요하게 되었지요. 처음으로 국기의 필요성을 크게 느끼게 된 것은 '운요호 사건' 때였어요.

이때 일본은 "운요호에는 엄연히 일본의 국기가 게양되어 있었는데 왜 대포를 쏘았느냐?"라며 트집을 잡았어요. 국기를 보고 어느 나라인지 알았을 텐데 왜 대포를 쏘았느냐는 것이었지요.

이 일 때문에 조선은 조선에는 불리하고 일본에는 유리한 조약

'건(乾)'이라고 하고
'하늘'을
뜻하지요.

'곤(坤)'이라고 하고
'땅'을 뜻해요.

을 억지로 맺게 되었어요. 이 조약이 바로 '강화도 조약'이에요. 하지만 당시 조정의 대신들은 국기가 무엇을 의미하는지조차 몰랐지요.

'감(坎)'이라고 하고 '달과 물'을 뜻해요.

이 일을 계기로 고종 황제는 국기에 대해 관심을 기울이게 되었어요. 마침내 1882년 일본에 *수신사로 파견된 박영효는 고종의 명을 받아 처음으로 태극기를 만들어 사용했답니다. 박영효 일행이 일본 땅에서 휘날렸던 태극기가 우리나라 최초의 태극기라고 할 수 있어요.

이때의 태극기는 지금의 태극기와 약간 모양이 달랐어요. 그 이후로 태극기는 모양이 조금씩 변하다가 1949년 지금의 모양으로 통일되고 정식 국기로 발표되었답니다. 현재 우리나라에 남아 있는 가장 오래된 태극기는 구한말 고종이 미국인 외교 고문인 데니에게 준 것으로 알려진 '데니 태극기'예요.

'리(離)'라고 하고 '해와 불'을 뜻하지요.

*구한말 조선 말기에서 대한 제국까지의 시기.
*수신사 구한말에 우리나라의 대표로 일본에 보냈던 사람.

67 구한말 구식 군인들은 왜 군란을 일으켰나요?

　구한말에는 두 종류의 군인이 있었어요. 원래부터 있었던 구식 군대와 '별기군'이라고 불리던 신식 군대였지요. 별기군은 건강한 지원자 가운데 뽑힌 80여 명으로 구성되었고, 일본 공사관 소속의 소위에게 훈련을 받았어요. 이들은 많은 급료와 좋은 옷을 받고 왕의 특별 대우도 받았지요. 그러나 이와 반대로 구식 군인들은 급료가 1년도 넘게 밀려 있었고, 이러한 차별 대우 때문에 불만이 많았어요.

　그러다가 밀린 급료 대신 쌀을 받게 되었는데, 쌀자루에 썩은 쌀과 모래가 섞여 있는 게 아니겠어요? 화가 난 구식 군인들은 관리를 마구 때렸어요. 책임자인 민겸호는 이 일에 앞장선 사람들을 감옥에 가두었지요.

　구식 군인들은 동료들을 석방시키기 위해 민겸호의 집으로 몰려갔어요. 그런데 민겸호의 호화스러운 살림을 본 군인들은 진짜로 화가 났어요. 민겸호의 집과 재물을 불태우고 무기고

차별하지 마.
우리도 똑같은
군인이야.
우띠~

오래가 섞인 쌀
↓

에서 무기를 꺼내 대궐로 쳐들어갔지요. 민씨 일파와 [※]개화파 관료들의 집을 부수고, 일본 공사관을 습격해 일본인 교관을 죽이기도 했어요.

또 민씨 일가였던 명성 황후를 해치기 위해 궁까지 쳐들어갔어요. 1882년 고종 때 일어난 이 사건을 '임오군란'이라고 해요. 임오군란은 흥선 대원군에게 진압되었지요. 군란으로 시작되었지만 흥선 대원군의 조종 및 조선의 여러 상황과 얽히면서 청나라와 일본이 조선에 더욱 간섭하도록 만든 계기가 된 사건이랍니다.

[※]**개화파** 구한말에 정치와 사상, 풍속을 개화시켜 자주독립 국가를 세우려고 했던 당파.

68 '삼일천하'라고 불리는 사건은 무엇인가요?

우리는 자주적으로 근대화를 이루어야 한다.

맞아!

그렇게 하자!

임오군란이 일어난 뒤 조선은 청나라와 일본의 간섭으로 어지러웠어요. 당시 조선은 이전의 봉건적인 체제에서 근대적인 사회로 변화해 가려는 한편으로, 조선을 침략하려는 주변 강대국들의 위협을 받고 있었어요.

그런데 *수구파였던 김홍집 등 민씨 일파는 청나라와 손잡고 개화해야 한다고 주장했어요. 청나라의 도움을 받아 권력을 유지하려는 속셈이었지요.

한편 일본에 다녀온 김옥균, 박영효, 홍영식 등이 중심이 된 개화파는 청나라의 간섭에서 벗어나 자주적으로 근대화를 이루어야 한다고 생각했어요.

조선에서 자신들의 세력을 키우려고 하던 일본은 꾀를 냈어요. 개화파를 도와줌으로

▲ 조선 최초의 우체국인 우정국

써 청나라를 내쫓으려고 한 것이지요. 개화파는 일본의 도움으로 고종 21년인 12월 4일, 조선 최초의 우체국인 우정국 개국을 축하하는 자리에서 정변을 일으켰어요. 민씨 일파를 살해한 뒤 개화당 중심의 새 정부를 세우고 이를 발표했지요.

하지만 도망간 명성 황후는 청나라에 지원군을 요청했어요. 청나라 군사들이 공격해 오자 불리하다고 느낀 일본은 개화파를 배신하고 군대를 철수시켜 버렸어요. 결국 이 계획은 3일 만에 실패로 끝나고, 정변을 일으킨 사람들은 죽거나 일본으로 망명했어요. 그 가족들은 죽거나 종이 되었답니다.

이 사건을 갑신년에 일어났다고 해서 '갑신정변'이라고도 하고, 3일 만에 실패로 끝났다고 해서 '삼일천하'라고도 해요.

※**수구파** 구한말에 다른 나라와 외교를 하지 말자고 주장하던 당파.

역시 일본은 못 믿어.

쟤네들을 배신하고 우리 힘을 키우자!

히히.

69 '새야 새야 파랑새야'는 누구를 위한 노래였나요?

▲ 녹두 장군 전봉준

새야 새야 파랑새야
녹두밭에 앉지 마라
녹두 꽃이 떨어지면
청포 장수 울고 간다

이 노래는 조선 후기에 유행했던 동요예요. 동학 농민 운동을 이끌었던 '녹두 장군' 전봉준이 잡힌 것을 슬퍼한 사람들이 지어 부른 노래이지요.

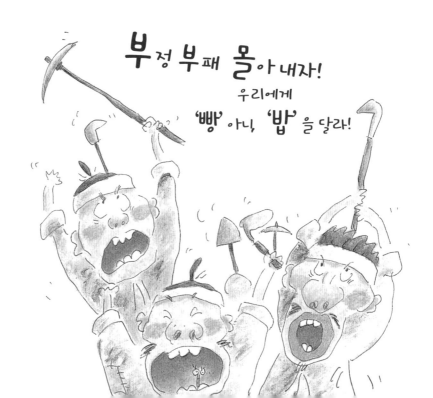

부정 부패 몰아 내자!
우리에게
'빵' 아니, '밥'을 달라!

동학 농민 운동은 전라북도 고부 군수인 조병갑의
횡포에 맞서 동학 교도와 농민이 일으킨 운동이에요.

전봉준은 이 동학 농민 운동의 지도자였어요. 그런
데 이 운동은 정부가 불러들인 청나라와 일본 군대
때문에 결국 실패로 돌아가고 말았어요. 전봉준
은 사람들과 함께 다른 곳으로 피신해 다시 일
어서려고 계획하다가 잡혀갔어요. 그리고 뜻
을 같이했던 사람들과 함께 처형당하고 말았
지요. 그러므로 노래에서 녹두 꽃이 떨어진다
는 것은 전봉준의 죽음을 말하는 것이고, 청포
장수가 울고 간다는 것은 농민들의 실망과 슬픔
을 나타낸 거예요.

전봉준은 키가 아주 작아서 '녹두 장군'이라는 별명이 붙었지만
나라와 민족을 위해 목숨을 바친 용감한 사람이었지요. 동학 농민
운동은 부패한 양반 사회와 외국 세력에 대항해서 일어난 최초의
민족 운동으로, 항일 의병 항쟁의 중심 세력으로 이어졌고 이후
3·1 독립운동으로까지 계승되었어요.

키가 작아
'녹두 장군'
이래요.

어험~
난 그렇게
작은 키가
아닌데….

70 일본 사람들은 왜 명성 황후를 죽였나요?

구한말 고종 때, 고종의 아버지 흥선 대원군과 왕비 명성 황후 사이에는 세력 다툼이 끊이지 않았어요. 하지만 둘 사이에는 공통점도 있었어요. 그것은 일본을 몰아내고자 하는 것이었지요.

당시 조선의 힘은 약해져 있었어요. 그래서 흥선 대원군은 청나라의 힘을 빌려 일본을 몰아내려고 했지만 실패해서 명성 황후에게 정권을 빼앗겼지요. 명성 황후는 러시아의 도움을 받아 일본을 몰아내려고 했어요.

그러자 을미년인 1895년 일본 공사 미우라 고로를 앞세운 일본 사람들이 궁궐로 쳐들어와 명성 황후와 궁녀들을 죽이고 불태워 버렸어요. 그러고는 명성 황후에게 반대한 사람들의 짓이라며 자신들이 저지른 짓을 숨겼지요. 이 사건을 '을미사변'이라고 해요.

71 '아관파천'은 무슨 사건인가요?

명성 황후가 죽은 을미사변 이후, 불안에 떨던 고종은 안전을 위해 러시아 군대를 친위대로 임명했어요. 그러자 러시아파인 김홍집 등이 권력을 잡고 서양 문물을 받아들여야 한다며 단발령을 내렸어요. 단발령은 그동안 우리 고유의 길게 길러 온 머리카락을 짧게 자르라는 명령이었지요.

▲구 러시아 공사관

부모에게 물려받은 머리카락을 함부로 짧게 자른다는 것은 조선 사람들에게는 받아들일 수 없는 일이었어요. 을미사변과 단발령 등으로 화가 난 백성들은 곳곳에서 민란을 일으켰어요. 그러자 러시아는 왕을 안전하게 지켜야 한다며 1896년 2월 11일 고종을 러시아 공사관으로 데려갔어요. 이것을 '아관 파천'이라고 해요. 고종은 그 뒤 1년 동안 그곳에 머물렀고, 그동안 러시아파들은 정권을 마음대로 휘둘렀답니다.

72 우리나라 최초의 한글 신문은 무엇인가요?

갑신정변이 실패한 뒤 미국으로 망명했던 서재필은 우리나라로 다시 돌아와서 〈독립신문〉을 창간했어요. 1896년 정부에서 자금을 지원받아 창간한 〈독립신문〉의 목적은 백성들을 가르쳐 깨우치기 위한 것이었지요. 그래서 한글을 사용했어요. 우리나라 최초의 한글 신문인 〈독립신문〉은 누구나 쉽게 읽을 수 있었답니다. 1~3면은 순 한글로 되어 있었지만 4면은 영어로 되어 있었어요. 우리나라의 상황을 외국에 알리기 위해서였지요. 일반 백성들은 〈독립신문〉을 좋아했지만 조정의 수구파들은 싫어했어요. 사람들에게 정부와 관리들의 잘못을 폭로하고 비판했기 때문이지요.

▲ 〈독립신문〉(국립중앙박물관)

한국 최초의 근대 신문은 〈한성순보〉이지만 한문으로 쓰여서 읽기가 어려웠어요. 하지만 〈독립신문〉은 순 한글로 쓰여서 누구나 읽을 수 있었지요.

73 '을사오적'이란 누구를 말하나요?

1905년 이토 히로부미는 우리 궁궐에 군대를 보내 강제로 조약에 서명하도록 협박했어요. 바로 우리나라의 외교권을 빼앗기 위한 '을사조약'이었지요. 고종은 끝까지 거부했지만 이완용, 박제순, 이지용, 이근택, 권중현 등 다섯 명의 대신이 이 조약에 서명했어요. 사람들은 이들 다섯 명을 나라를 팔아먹었다며 '을사오적' 또는 '매국노'라고 불렀어요.

이때부터 일본은 외교뿐 아니라 우리나라의 정치 전반에 걸쳐 간섭하기 시작했어요. 그리고 1910년에는 이완용을 불러들여 일본에게 우리나라를 다스릴 권리를 준다는 내용의 '한일 합병 조약'을 체결했어요. 이로써 이성계가 세웠던 조선은 519년 만에 문을 닫게 되었고, 우리나라는 일본의 지배를 받는 식민지가 되고 말았어요.

74 《조선왕조실록》의 양은 얼마나 될까요?

실록이란 역대 왕들이 행한 모든 일과 사건을 시간에 따라 기록한 책이에요. 일종의 '왕실 일기'라고 할 수 있지요. 실록은 왕이 죽은 뒤 다음 왕이 왕위에 올랐을 때 썼어요. 그러니 세종 대왕도 《세종실록》을 읽어 볼 수는 없었겠지요?

실록은 왕의 비서실 역할을 했던 승정원에서 날마다 쓴 《승정원일기》를 바탕으로 정리해서 썼답니다. 이 《승정원일기》는 그 양이 실록의 4배로, 국보 제303호이고 2001년 유네스코에 의해 세계 기록 유산으로 지정되었어요.

실록을 쓰는 일은 쉽지 않았어요. 정확하고 올바르게 쓰기 위해 많은 전문가가 동원되었지요. 새로운 왕이 왕위에 오르면 실록청을 두어 이전 왕의 실록을 편찬했는데, 글을 쓸 때에는 초초, 중초, 정초의 3단계를 거쳐야 했어요. 그리고 인쇄한 실록은 사고에 보관했고 3단계를 거쳐 쓴 자료는 모두 없앴어요. 실록의 내용을 누가 썼는지 모르게 하기 위해서였어요. 혹시 안 좋은 내용이라고 해서 보복당하지 않게 하기 위해서였지요. 그래야 글을 쓰

고려 시대에도 《칠대실록》, 《덕종실록》, 《숙종실록》 등이 편찬됐지만 전해지지는 못했어요.

는 사람도 마음 놓고 정직하게 쓸 수 있을 테니까요.

《조선왕조실록》은 조선을 세운 태조에서부터 철종에 이르기까지 25대 472년, 17만 2,000여 일의 역사를 3,000여 명에 이르는 사람들이 참여해서 기록한 책이에요.

조선의 정치·경제·사회·문화 등 전반에 대해 알려 주는 귀중한 자료이자 세계 최대의 역사서라고 할 수 있지요. 국보 제151호이고 1997년에 유네스코 세계 기록 유산으로 지정되었어요.

와~!

모두 2,077권이야.

우리나라 최초의 근대식 병원은 어디인가요?

우리나라 최초의 근대식 병원은 1885년 미국인 선교사이자 의사인 알렌이 세운 '광혜원'이에요. 알렌은 기독교를 전하기 위해 우리나라에 와서 사람들을 고쳐 주었어요. 그러던 중 명성 황후의 조카인 민영익의 생명을 구해 주어 고종과 명성 황후에게 인정을 받고, 왕실의 의사로 임명되었지요. 더 많은 사람을 치료하고 싶었던 알렌은 왕에게 병원을 세우게 해 달라고 부탁했어요. 이렇게 해서 지금의 종로구 재동 자리에 광혜원이 세워지게 되었어요. '광혜'는 '널리 은혜를 베푼다'라는 뜻으로 광혜원은 일반 백성의 병을 치료하는 일을 담당했어요. 그 뒤 얼마 지나지 않아 광혜원은 제중원이라는 이름으로 불리게 되었답니다.

나중에 세브란스 병원이 되는 광혜원.

신기하게 아픈 곳이 금방 낫네그려.

바늘로 엉덩이를 마구 찌른대.

잊지 마.

사진 제공

아이가 스스로 공부하게 만들어 주는
친절한 교과서 길잡이!

공부가 재미있어지는
교과서 속담

예부터 전해 오는 속담 속에서
우리 조상들의 지혜와 교훈을 배워 보세요!

하나 교과서에 실려 있는 속담을 재미난 만화로 배워요!
둘 속담과 관계있는 상식과 사진이 가득 들어 있어요!
셋 비슷한 속담을 덤으로 배워 폭넓게 사용해요!

재미있는 만화로
실력을 쑥쑥
키워요.

오주영 글 | 이소 그림 | 값 9,000원

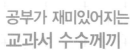

공부가 재미있어지는
교과서 수수께끼

재치 있는 질문과 답으로 구성된 수수께끼를
친구들과 풀어보며 상상력과 창의력을 길러 보세요!

하나 교과서에 실려 있는 수수께끼를 재미난 만화로 배워요!
둘 수수께끼와 관계있는 상식과 사진이 가득 들어 있어요!
셋 비슷한 수수께끼를 덤으로 배워 폭넓게 사용해요!

정재은 글 | 우지현 그림 | 값 9,000원

자꾸 자꾸
읽고
싶어요!

www.ieunhasoo.com

은하수
미디어
EUNHASOOMEDIA